考古半生缘

本书讲述一名考古学者从二十岁到五十岁的真实体验，从古都洛阳，到北大风光，从中原大地，到俄罗斯滨海地区，处处留下考古风情，汇聚为半生情缘，催人奋发图强，令人流连忘返。

赵春青 著

上海古籍出版社

目 录

自　序

时间过得飞快，一眨眼我已经年过半百。踏入考古行业已经足足有 30 个年头。30 年来，我自觉有必要回溯往事，以利前行。于是，本书，不约而至。

是啊，30 年前，我刚刚 20 岁，手里拎着小学老师送我上大学使用的小木箱，哼着流行小曲到洛阳工作单位报到。我住在单位门口的值班房里，整天高高兴兴地上班、下班。

最初，我跟随一名稍比我年长的技术工人下工地，学会了配合基本建设发掘古代墓葬，清理灰坑、房址、水井等各类遗迹。我遇到什么挖什么，周代的灰坑、汉代的粮仓、隋唐的墓葬等各种遗迹，纷至沓来，磨练了我的本领，锻造了我的技能。年轻的我从不因工作而叫苦。我发掘过北魏正光五年的侯掌墓，发掘过洛阳机车工厂东汉封土冢，发掘过唐代含嘉仓粮窖，等等。此外，我还积极参加各种学术活动，撰写并发表学术论文。不几年，我成了洛阳考古战线上一名20岁刚露头的新兵。

1989年，我考入北京大学考古系，成为一名硕士研究生。北大，优雅动人的校园环境，风流倜傥的名士风度，相得益彰的良师益友，把我变成了一名校园诗人，我一举夺得"第八届未名湖诗歌朗诵会"一等奖，成为北大诗坛破土而出的一名新秀。我们举办"烛光"诗歌朗诵会，骑自行车到康西草原踏青，举办1990年北京大学研究生迎新春文艺晚会，等等，一时间，我像多年迷失方向的幼童，终于找到回家的路。

我学的本来是新石器时代考古，可是，民族考古专业李仰松先生在给我们上课时透露出他要带领研究生前往海南岛实习的诱人计划，我征得系主任的同意之后，兴致勃勃地向李仰松先生提出，想跟随他改学民族考古，今后从事民族考古学研究。我这一近乎疯狂的请求居然被答应了，于是，海南岛成为我新的学术增长点，我由一名新石器时代考古专业的硕士研究生，转行成为一名民族考古专业研究生。

硕士毕业之后，我回到洛阳原来的工作单位，仍然从事原来的工作，从梦幻状态回到现实中来。我的顶头上司挖苦我："昨天，我让你朝东，你不敢朝西；今天，我让你朝西，你不敢朝东。你上研究生有何用?"让我哭笑不得。我只好一边埋头工作,一边寻找外出学习或工作的机会。说来也巧,迎面飞来的一场车祸,给了我8个月躺在医院里治病的"大好时光"。我利用这一难得的机会,暗暗备考博士研究生考试。随后,我战战兢兢地乘坐火车到北大应试。老天有眼,我再一次进入北大,成为堂堂正正的北大博士生!

洛阳,再见!

我再次进入北大,可再没有20多岁时的痴狂。北大诗人的光环,了无踪影。我认认真真地看书、学习,偶尔的浪漫邂逅,宛如烟花绽放,转瞬即逝。我想得更多的是一定要当一名优秀的北大博士生,力争毕业后做一名北大博士后。1999年,我35岁,终于实现了成为北大博士后的梦想!

我按照博士后导师的安排,来到河南密县新砦遗址,看看这里究竟有没有介于龙山文化与二里头文化之间的"新砦期"遗存。那时,国内正处于夏商周断代工程的研究热潮中,论证新砦期就是断代工程的一个子课题。从此我开始与新砦结缘,在新砦寻找二里头文化的来源,寻找早期夏文化的痕迹,从新砦搭建我学术研究的另一个起点。

可是,决不能就此止步。我在新砦工作的同时,将学术目光投向更广阔的空间。中原、中国,依次进入我的学术视野,韩国、俄罗斯远东地区渐次出现在我的面前。

我想，我们从事任何一项职业，都离不开前辈的指引和同辈学人的感召。难道不是吗？考古学界正有这样的传统。我所敬仰的张光直先生曾经亲笔给我回信，指引我前进的道路；俞伟超先生曾敲击残肢，大声鼓舞我努力前行；邹衡先生与我曾推心置腹地交流；樊力同学更为挚爱的考古事业献出了年轻的生命。逝者如斯夫，我辈当如何？

　　考古工作者一定是戴着高度近视镜的学究模样吗？决不是！他们的业余生活一样多姿多彩、有滋有味。

　　时间，像一位十分严肃的老人，公允地主宰着世间的一切！50岁，不知不觉，使我已经走完了一半的人生之路！不过，50岁，也正好是人生下半场的起点。对此，我已做好了一切准备。

　　是为序。

2015 年 1 月 7 日于北京

壹
蹒跚学步

1984年，我 20 岁，大学考古专业毕业，开始正式从事田野考古发掘工作，发掘了北魏侯掌墓、东汉封土冢以及隋唐含嘉仓城等，从此步入考古殿堂，同时向《文物》《中国文物报》等专业报刊投稿，成为考古战线上的一名新兵。

我的"豆腐块"

1984年秋，我刚满20岁，已经大学毕业了。回忆大学四年，没有穿过一双皮鞋，没有乱花过一分钱，也没有慢待过任何一天。整天价乐呵呵、笑嘻嘻地面对每一轮冉冉升起的朝阳。现在，四年的大学生活匆匆结束，我带着满满期待来到新的工作岗位——洛阳市文物工作队，从事田野考古发掘工作。

我随年轻的技工一起投入到工作当中。我的第一个配合基建的考古工地是洛阳市钢管厂建筑工地，发掘对象是汉代的几座墓葬。我跟随技工师傅，学会了考古绘图，学会了怎样处理遗迹现象。但是，这只是我在漫长的考古道路上迈开的第一步，我今后必须学会如何把这些气力活转变为"笔墨官司"，即转变为文字。

于是，我想，必须尽快在报纸上发表自己的文章。

机会来了。我在洛阳关林工地上挖到一座保存较好的唐代墓葬。重要的是，墓葬中出土了威风凛凛的唐三彩马，它们好像是故意躲藏了许多年的朋友们，终于赶来见面似的，集中出土。于是，我向《洛阳日报》写下通讯一则，发布手中的重要发现。

这是我的处女作，虽然只有区区几十个字，刊登在报纸不甚显眼的位置，介绍的仅仅是我的工作内容，但这毕竟是我第一份见诸报端的文字稿。自此以后，我的名字将会不断出现在报刊上，而这一切以此为始点。

以前，我念初中时，曾经编写过一本短篇小说集，当时恭恭敬敬地抄写在作业本上，取名为某某小说集。可是，我始终没有拿出去公开发表，心想直到修改工作完成以后再正式投送出去不迟。后来，几经折腾，本子最终不明去向，十几篇短篇小说，最终化为乌有。伴随着青年人对文艺的满腔热情，我慢慢地长大了。今天，我终于从实际工作中，生发出对考古的热爱。我一边辛苦地工作，一边勤奋地写作。这篇"豆腐块"，将会是我公开发表文章的开端。

我做了一连串的美梦。我又被一连串的美梦鼓舞着。我先后为《洛阳日报》写出一篇又一篇"豆腐块"，报告我的重要考古发现。这些也奠定了我写作的基础。不知道的人们，还以为我是一位年长的老同志呢，实际上，我只是一名名不见经传的后生，时不时地报导我所主持的考古工地的零星发现而已。至于对未来更多的设想，我每日都在憧憬着，盼望着，并且相信这样的好日子一定会到来，只是需要我张开双臂，迎接他的出现。

这种的机遇很快就来到了我的面前。我不禁感叹：这样的好日子来得太快了。我感到太阳每天都是新的，机遇每天都在向我招手，我没有理由不拥抱她！

蹒 跚 学 步

我干考古属于那种"先结婚、后谈恋爱"的类型，考古不是我的初恋，我的初恋对象是法律。就像许多电视剧套路那样，初恋注定失败，而婚姻不浪漫，却来得实在，经得起风吹浪打。

大学毕业以后，我一直想转行干法律，我甚至给当时的中国政法大学江平教授写过一封信，表示我想报考他的民法专业研究生。大名鼎鼎的江教授居然给我回信，说愿意收我为徒。我将法律专业书背得滚瓜烂熟，自信肯定能如愿以偿，考上法律专业研究生。拜拜吧您，味同嚼蜡的考古学。

可是，20世纪80年代中期，不论是学校领导还是单位领导，还没有彻底地做到思想解放，只要我一向他们提起考法律系的研究生，一律遭到拒绝。像跟事先约好一样，他们一律劝我巩固专业思想，一律开导我要干一行爱一行，不要这山望着那山高。于是，万般无奈之下，我不得不从事一点也不喜欢的考古专业，与挚爱的法律专业渐行渐远。

如今，30个年头过去了，如果说自己在考古圈里好歹也混出点名堂的话，回头看看，在洛阳的最初几年，是我从事考古事业蹒跚学步的阶段。此事，一方面得益于田野考古，另一方面，应当感谢鼓励我搞学术研究的地方学者蔡运章先生和余扶危先生等。

记得我在洛阳写的第一篇稿子，是在《洛阳日报》上刊登的一个"豆腐块"，报导了我亲手发掘出来的一座随葬有唐三彩的唐代墓葬。稿件标题就是："三彩马威风凛凛，隋唐墓重见天日"。稿件很快就被《洛阳日报》副刊刊登出来了。面对着散发出油墨香的"豆腐块"，我喜不自禁，第一次对考古学有了感觉。

除了田野考古，时任队长的余扶危先生，热心地把我往新成立的洛阳钱币学会拉。那时，洛阳钱币界有一位老干部，非常热心组织学会活动。他本人是钱币学的外行，但对钱币学一往情深，他对像我这样初出茅庐的年轻小伙，也给予了充分的热情和鼓励。之后，我在蔡运章先生的鼓励下，选择汉代五铢钱作为研习对象，写了一篇关于五铢钱废止年代的论文，发表在《洛阳钱币》创刊号上，这是我的第一篇考古论文，是考古学研究的处女作。论文,原来可以这样写呀!我可以写考古学论文了。这次经历让我对考古学更加亲近了几分,尝到了做考古研究的甜头。在接下来不久,我先后写了关于北魏和晋代墓葬的发掘简报,并依据这些新材料,草成《洛阳北魏墓略说》,大胆投给了《中国文物报》。不想,竟也发表了。此外,我把北魏墓中出土的墓志单独提出来,就墓志上的汉字书法艺术进行一番研习,习作被《中国书法》接纳,稿子也变成了铅字。就这样,一篇篇考古学稿件,接二连三地被刊登、发表,一时间我成了考古学的希望之星。这突如其来而又轻而易举地成功,使我对考古学渐渐地不再厌恶,甚至产生几多喜欢的情绪来,考古成为我明媒正娶的"发妻"了。

想到这些,如果当初没有遇到余扶危、蔡运章等先生,没有他们的积极引导,我说不定还会心猿意马,还会对法律学割舍不断,搞不好还会变成考古学界的"剩男剩女"呢。

洛阳北魏侯掌墓发掘记

河南孟津县北魏侯掌墓的发掘，是我梦想成真的第一步。

我以此具有明确纪年的墓葬发掘为契机，实现了在《文物》《中国文物报》和《中国书法》三大报刊上，先后刊登与之相关的学术文章的目标。我在《文物》上刊发长达 15 页的中长篇发掘简报；在《中国文物报》上发表《洛阳北魏墓略说——从新发现的北魏侯掌墓略说》；在《中国书法》上发表《略论侯掌墓志的书法艺术》。那一年我刚刚 24 岁，在同龄人当中，我已被视为运气上佳的"命好"之人。

回想起北魏墓的发掘，一开始就充满着斗争呢。起初，到远离洛阳市的孟津县去挖几座墓葬的活计并没有落在我——一名大学生的肩上。最初，被通知前往发掘的是考古队有背景的一位年轻人，但他一口回绝了头儿对他的照顾。这样一桩咄咄怪事，逼得头儿不得不把这件活计挪给刚到考古队不久的我。

我乐呵呵地接受组织的分配，来到远离洛阳市的孟津玻璃厂工地，带领几名技工，安营扎寨。我们发掘的每一座墓葬都是新的，每一件随葬品都是历史的遗珍，我怎能不高兴？可是，很不巧，就在考古工地发掘到侯掌墓志时，我突发疟疾，躺在病房里。听到考古工地出现了这样惊人的发现，我顾不上其他，立刻从床头爬起，转身扑向工地。我让民工同志们高高吊起一个大笤筐，我坐在筐里，从墓室的顶部，徐徐落到墓底。我爬出大笤筐，再从衣兜里轻轻掏出手绢，轻轻擦拭侯掌墓志上的浮尘，露出"侯掌墓志"篆字字体笔迹。我仿佛见到了心仪已久的宝物。我当即安排工地发掘人员加班加点，加速发掘整个墓葬。受此好消息的刺激，我的疾病也转而减轻，最后身体完全恢复了正常。

可是，洛阳市文物工作队的队长得知后，明确告诉我，这是文物队当年的重要发现之一，墓地的发现和简报的撰写，要由队里统一安排。我作为工地现场的负责人，只是可以参加整理工作，但，我不是唯一的撰写人员，不消说，没有单独的撰写权，甚至，连发掘出来、已经进入库房的器物，都必须经队里统一安排且库房管理人员同意后，才予以借出，供我观摩、

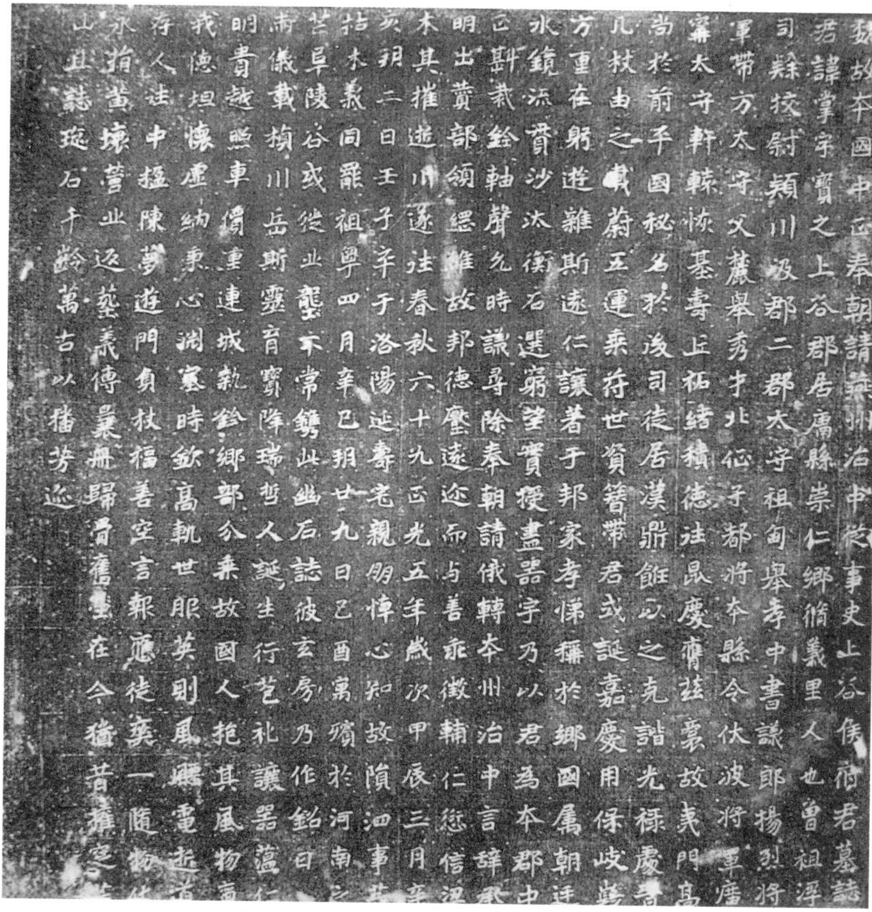

魏故國中正奉朝請華州治中從事史上谷侯府君墓誌

君諱掌字寶之上谷居庸縣崇仁鄉義里人也曾祖浮

司隸校尉潁川汲郡二郡太守祖甸皋卓中書令謹郎揚烈將

軍帶方太守軒父藏壽止柘績德祉昆慶膺兹伏波將軍重屬高

審太守軒

尚於前千圄秘名於後司徒居晉館必之克諧光祿夷門高

北魏侯掌墓志

测量和撰写发掘简报。

那时的我，不会画器物线图，不会拍摄器物照片，更不会拓墓志拓片。这些活计平常是由专搞室内整理的业务人员从事的，按说我是不能够参与这些工作的。可是，没有这些内容的考古简报，如何成行？

绘制器物图的绘图员不可能立即围绕北魏墓开展工作。按照不成文的规矩，怎么也要等上个两年左右的时间，才能排得上号。为了争取时间，我想自己学习画器物草图。可是，已经交给队里登记造册的器物却不能随便取出，这可如何是好？

于是，我与库房的管理人员拉近乎。因我是实际的发掘者，也是领导指定的整理人员之一，他们不好意思阻挠我整理简报。

就这样，我亲自测量、绘制草图，事无巨细，全程参与。最终，我把这批墓葬的发掘简报送交《文物》杂志社。责任编辑看了我一眼，低声说了一句："这么年轻，这样的稿子长达 15 页，在我们这里也算是长稿子了，你还真幸运啊。"

简报已经在《文物》刊发了，至于在此基础上再向《中国文物报》《中国书法》投稿，已经不需要花费太大的精力。我接连写出两篇文章，都顺利发表了。其中，在《中国文物报》上发表考古学论文的时候，我刚刚 24 岁，正是风华正茂，书生意气，浑身是胆呢。

我挖着个"金人"

——东汉封土冢发掘记

这是洛阳东汉时期的金人。只见他双膝跪地，双臂环抱，高鼻深目，面目狰狞，在洛阳几种出版物上都能见到。可是，他的出土全赖于一座洛阳东汉墓的发掘。

这座墓葬在洛阳东郊的一家车间内。我接到任务，要对这座墓葬进行发掘。说起这次发掘，还有不少故事呢。

为了了解汉墓的结构，我开始收集相关资料。可是，整个洛阳，在此之前，居然没有发掘一座东汉时期的大型汉冢。我只好独立制定发掘计划：先发掘地表以上的封土堆，再集中发掘地表以下的墓室部分。

那时，帮助我清理墓葬的是解放军某部战士，共 20 名左右，一群生龙活虎的小伙子。指战员一开始要求用炸药包炸平墓冢，被我婉言否绝了。我的理由也简单，从没有听说过哪个考古工地用炸药做发掘工具的。战士们愉快地接受了命令，听从指挥，在这座高高的坟头上，手持铁锹和铁镐，挥汗如雨地发掘起来。

我按照预定的计划，有条不紊地发掘。到了清理墓室的随葬品时，我警觉地发现，刚才被编号的一块玉器突然不见了。出于文物安全考虑，我把所有战士都请出墓室在外边清理墓土。墓室内只留下配合我工作的两名技术工人，以及一位负责工地安全的甲方人员，总共四人。器物不会自己飞出墓穴，肯定是我们四人当中的某一位顺手牵羊，将其藏匿在某个地方。我把大家叫到一起当面开导："丢失的这件东西大家都看到了，它刚刚编了号。这件玉器，小巧玲珑，晶莹剔透，就好比是《红楼梦》中的通灵宝玉。我们四个人，谁要是现在自觉交出来，我保证不向其他人透露半点风声，只当没发生过。否则，我只好报警，让公安局的人来这里调查。"我是个说到做到的人。我自身只穿了短裤背心，身上不可能藏匿文物。其余三人，会是谁呢？前不久文物队开除了一名技术人员，就是因为他偷窃一面工地出土的唐代铜镜。如今，我带领的这两名技术工人该不会见钱眼开吧？除了我和我队的两名技工，就剩下基建单位的那名管理人员了。听了我的劝告之后，只见他从自己的裤兜里摸摸索索地拿出那件玉器，缓步走向玉器的原来位置，将玉器归位，嘴里嘟嘟囔囔地说，"看把大家吓的，真是的，看把大家吓的，我其实也，也只是觉得怪好玩的"。我看他吞吞吐吐的样子，不觉好笑起来，对他讲，"算了，只当啥也没发生"，他也知趣地从墓室退出去，不停地拿手绢擦拭额头上的汗滴。我们刚才还悬着的心这才落了地。

至于出土这件青铜羽人，实属偶然。原来在墓葬建成之后不久，其中的前室就发生了塌陷，把整个耳室内的随葬品（包括这件青铜羽人）给覆盖了。

这件青铜羽人跟西安某发掘工地出土的一件青铜羽人的造型、大小几乎完全一样，只是西安的那件是属于西汉时期的，出土于某建筑物内，而且怀

洛阳东汉墓青铜羽人

西安出土汉代羽人正面　　　　　西安出土汉代羽人背面

里抱的方碑已不见踪影，而我们发掘的这件则出土于东汉墓冢，怀里抱有方碑，而且其通体纹饰泛光溢彩，宛如新成，可见原来即为墓主人珍爱之物。墓主人死后，这件珍宝即随葬墓中。虽然年代比西安的那件要晚，可是整体造型却比西安那件要更为生动华丽，尽显可爱。

　　我只是就这件青铜羽人的照片资料，写出很短的几行文字加以介绍，至于整个墓葬的发掘资料，则留给洛阳市文物队。后来，该队库房的一位管理人员，将这座墓葬连同其他3座东汉墓葬，经过整理之后，一同发表在《文物》上。

1988年春，洛阳市文物工作队配合洛阳机车工厂基建工程，主持发掘该厂工地一座地面封土高达7米的汉冢时，出土了一尊鎏金青铜羽人。

　　这尊青铜羽人高约15.3厘米，大耳、披发、背有双翼，膝部也有垂羽，作跪坐状，通身披金，双手捧方碑，龇牙张目，神情怪异。它与收在《中国美术全集·青铜器》中的一件青铜羽人造型极其相似，尺寸大小也十分接近。后者出土于西安市西汉遗址之中，羽人两手空空，但姿势则与前者一模一样，可见原来也抱有物件。青铜羽人雕刻花纹不如洛阳出土的青铜羽人细致，且周身也不如洛阳出土的泛光溢彩，可能与出土地点有关。

　　洛阳汉冢早年被盗，后室及后通道都有盗洞。后室及后通道内都有半人高的积土，从积土中清理出的白色玉片有两筐之多，有的玉片穿孔内尚缀铜丝，看来死者着铜缕玉衣。在后室地面上还发现两具头骨，由此推测该墓为两人合葬墓。按《后汉书·礼仪志》所载：大贵人、大长公主之葬以铜缕玉衣。可见死者生前身份。惜乎此墓早年被盗。这次发现的文物及其中珍品青铜羽人，也不是盗墓贼手下留情，而是前室早年塌陷，才幸免于难。

　　据墓葬形制和出土铜钱等遗物推测，这座汉冢的年代可定为东汉中晚期。

贰
登堂入室

1989年，25岁的我被北京大学考古系录取，成为一名意气风发的北大硕士研究生。风光秀丽的北京大学，塑造了我的诗人性格，激发了我的诗人情怀。我荣获第八届未名湖诗歌朗诵会一等奖，成为北大诗坛一颗耀眼的新星，同时，也写了不少短文发表在地方报纸上。

我实现了多年的夙愿

1989 年 10 月 13 日，北京大学正式开学。这天，我健步迈进鲜花簇拥的北大校门，开始了硕士研究生生涯。到著名学府——北京大学念书的愿望，在我告别了学生生活五年之后的今天，终于实现了。此时此刻，禁不住涌起对古都洛阳的深切怀念——是洛阳市文物队的领导和同志们给我提供了这一宝贵的学习机会，是我亲爱的妻子给我以全力以赴的支持。

到北京大学上学是我中学时订下的目标，可是由于我的家乡——豫南山区文化教育十分落后，我在高考时虽然取得了所在中学全校第一名的成绩，但是，最终也只能在省级一所大学念书，我的目标落空了。为此，我曾感到深深地遗憾。参加工作以后，岁月匆匆，我与爱人相识相恋，建立了幸福的小家庭。繁忙的日常工作和甜蜜温暖的家庭生活，渐渐地赶走了藏在我心头的到北大念书的梦。

我怎么也想不到，是组织重新唤起了我沉睡多年的梦想。

去年12月初，我们单位领导通知让我报考北京大学委托培养的研究生。当我把这一喜讯告诉爱人的时候，平时文文静静的她高兴得跳了起来："太棒了！太棒了！"可是我清楚地知道，我一旦被录取，对她将意味着什么。我们的女儿才刚刚一岁半，正需要父母疼爱，我的老家在距洛阳数百里之外的豫南山区，年迈的父母还要种自留田，不可能来洛阳照看孙女，这样，我的洛阳小家里里外外全靠爱人一人操持了。除此之外，岳母现在正身患重病，她老人家膝下只有她这么一个女儿，工作之余还需抽空照顾母亲……她那么瘦弱的身体能撑得起如此的重压吗？我有些犹豫了。可妻子坚定地说："你一定要考！而且要力争考上！不但为你自己，也为俺娘儿俩争口气！为了你的事业，你学吧，别说两年三年，就是十年八年，我也能顶得住！哪怕在你成功的时候抛弃了我，我现在也要支持你！"妻子就是这样，自从我报考北大那天起，她不让我洗一件衣服，刷一次碗，不耽搁我一分钟时间；孩子哭了，她抱到一边；怕我营养不好，每天给我做好吃的。我的复习一天天紧张起来，她的身体一天天消瘦下去。每次望着她精疲力竭的脸色，我都暗下决心，一定要考上！

北大西门

　　如今，我梦寐以求的目标实现了。每当我漫步于风景秀丽的校园的时候，我总要轻声地说，谢谢，亲爱的妻子！

　　（原载《洛阳日报》1989 年 11 月 15 日）

未名湖畔话洛阳

——听著名考古学家严文明先生一席谈

前不久，我受洛阳市文物工作队委托，把该队编写的《洛阳出土文物集萃》一书，转赠给我国著名考古学家、北京大学考古系主任严文明先生，请他对该书批评指正。

那是一天傍晚，我携书来到坐落于北大未名湖畔的严先生家中。恰巧严先生在家，他接过赠书，一边不住地夸奖该书图片清晰、设计精美，一边兴致勃勃地与我谈起洛阳市文物考古工作的现状与未来。

"在全国市一级的文博单位之中，洛阳的实力是最强的。"严先生扳起手指继续说："洛阳考古工作有几个方面的优势：其一，从纵的方面看，从旧石器时代开始，历经新石器时代的仰韶文化、龙山文化、二里头文化，接下来上自商周，下至明朝各个历史阶段都遗留有众多的文物古迹。其二，从横的方面来看，可研究的领域太广了。就在洛阳方圆几十里的地方便分布有龙门石窟、汉魏故城以及大批墓葬。在洛阳，无论是搞佛教考古的、搞古建筑的、搞古钱币的、搞古文字的……都可以找到自己的用武之地。其三，洛阳的考古工作开展得比较早，基础也比较雄厚。50 年代初出版的《洛阳中州路》和《洛阳烧沟汉墓》两本大型发掘报告，在全国考古学界引起了广泛的影响，迄今仍然是中原地区东周和汉代考古分期的重要标尺。"

严先生呷了一口茶，清了清嗓子后话锋一转："不过，从 50 年代末到现在，几十年过去了，再不见大型发掘报告的出版，这未免使人遗憾。总不能老是坐在那里谈《洛阳烧沟汉墓》吧！"说到这里，严先生深思了一下接着讲："从全国范围来看，考古工作有一个新的特点：地方上的工作，比起中央单位的工作越来越多，同时也不乏重要发现。因此，地方单位考古工作质量的高低，直接影响到全国学术水平的高低。洛阳作为全国市级文博单位的佼佼者，希望能在田野发掘、室内整理、编写报告一直到综合研究各个方面，做出个表率来。"

不知不觉，夜幕已悄悄降临。我抓紧时间向严先生提出一个问题："您认为洛阳地区新石器时代的考古工作，今后应如何开

严文明先生

展？"听了我的问话，严先生不假思索地回答："洛阳地区新石器时代文化的序列问题，通过王湾、矬李、煤山等遗址发掘，基本上搞清楚了。今后的工作要想有所突破，必须进行原始聚落的大面积揭露和其他方面的综合研究。"

我起身告辞。严先生把我送出门外，叮嘱一定要代他向洛阳文物考古界的同志们问好，并请大家到北大做客。

（原载《洛阳日报》1990年9月9日）

十 年 断 想

1980 年夏季的一个中午，我在家乡的责任田里汗流浃背地抡着锄头，那时我是一个除了对未来怀有憧憬之外一无所有的农民的儿子。

1990 年夏季的一个中午，我低首徘徊在金碧辉煌的天安门前，一遍又一遍地思索着祖国的历史与未来。如今，我跻身于北大学子的行列，实现了到北大读研究生的梦想。

在过去的十年里，多少桩难忘的往事萦绕在我的心头！

我想起了炎炎烈日下，累得口吐鲜血的父亲带领我们全家人在田野里挥汗如雨地劳作；我想起了年逾花甲的崔老师，戴着老花镜，摇着芭蕉扇，给我讲解数学难题，一道题下来，他累得头晕眼花、气喘吁吁；我想起了我上大学的第一天，天上下着蒙蒙细雨，母亲头顶破草帽，流着眼泪把我送出村外老远老远；我想起了四年大学生活中，我没有买过一双皮鞋、没有乱花过一分钱的那种清苦的读书生涯；我想起了我生病时，好心的吴老师夫妇亲自为我煎药，喝下苦黑的汤药之后，他们总是塞给我甜蜜的糖块；我想起了大学毕业后，我来到洛阳报到的第一天，单位的一位同志误认为我是前来送交文物的乡下农民——因为我面黄肌瘦、衣衫不整，又拎了一个鼓鼓囊囊的大提包……

日转星移，冬去春来。十年来，我送走和迎接的不只是艰难和眼泪，也有初恋的羞涩、热恋的疯狂和婚后的温馨。

我想起了女儿出生的那一天，我和岳母耳贴着产房的门，当里边终于传来婴儿的第一声响亮的啼哭时，我平生初次品尝到做父亲的庄严与伟大。

我想起了我和妻子打开新分到的高居七层楼的新房房门时，高兴得几乎不敢相信自己的眼睛："这真的是我们的房子吗？以后再不用在单身宿舍的走廊上做饭了？我们真的拥有了自己的小窝了吗？"

十年，生活粉碎了我一个又一个美丽的幻想；十年，生活赐给我许许多多意想不到的收获。十年的艰辛与磨难、欢乐与痛苦，给了我做一名强者的勇气和智慧。如今，每当我在宽敞明亮的现代化教室里，聆听着教授们传道授业的时候；每当我留恋于未名湖畔，安步当车的时候；每当我站在北大大礼堂的主席台上，高声朗诵自己新创作的诗篇的时候，我便想到，我要在自己人生的史册上写下：1980－1990，无怨无悔！

（原载《洛阳日报》1990 年 10 月 1 日）

三 见 宿 白

宿白先生的大名，早有耳闻。他是中国考古学会副理事长，号称三个半教授：汉唐考古、魏晋南北朝考古、石窟寺考古和古代建筑。他写的《白沙宋墓》，是我国考古学界的经典之作，他又长期执教于北京大学考古系，可谓硕果累累，桃李满天下。

那么，这位大名鼎鼎的宿先生究竟是怎么样的一个人呢？第一次"认识"宿先生，是在阅读《中国大百科全书·考古卷》时，此书"中国考古学家"一栏中，"宿白"条附有一张先生的半身像，那么清减，那么瘦弱，高度近视镜后有一双疲倦的眼睛，这便是宿白先生吗？

首次拜见宿白先生是在来北大念研究生后的一天傍晚，我轻叩宿先生的家门。开门迎接的是一位白发苍苍的老人，身材高大魁梧，两眼炯炯有神，说起话来高声阔语，神态安详，笑容可掬。他正是宿白先生本人，与照片怎么也联系不起来。宿先生的房间可用一个字概括：书。到处都是书：书架上、书柜里、书桌上、椅子的扶手上、床上，此外，还有一捆一捆的手稿、笔记、旧书，实在安置不下，只好高高地叠起来，一摞子一摞子地堆在门旁、墙角。怪不得他是全国著名的版本学家。据说，以擅写历史演义而著名的蔡东潘，最后把私人藏书也赠予了宿先生。

宿先生是洛阳市文物工作队的名誉顾问。他得知我是从洛阳来的，便关切地向我询问起洛阳文物考古界的情况来，我一一回答，最后，他还特别关心地问起蒋若是先生等人的近况。我说他们都在忙于撰写某一方面的专著，宿先生高兴地连连点头赞许。

第二次见到宿先生是在系办公室，正值发工资的一天，宿先生一次领到500多元，他惊讶地高声问："我怎么领这么多钱？都是些什么钱呀！"会计告诉他："您今年带了博士生、硕士生，又给本科生上课，再加上季度奖，才领这么多的。"宿先生说："瞧，拿这么多钱，还真有理由！小伙子，奖给你根好烟抽抽。"逗得周围的人哈哈大笑起来。

第三次见宿先生是在课堂上，听他讲授"中国古代建筑"。考古课程，搞不好就会讲得枯燥无味，连本专业学生听起来也不免有几分厌倦。可是，每当轮到宿先生讲课，总会出现抢占

宿白先生

座位的现象。前来听课的有青年教师、研究生和本科生，还有不少外系的同学。以至于有的同学给宿先生提意见：我们选了这门课却找不到座位，那些没选这门课的旁听生们也太会抢位子了！可这是没法子的事，宿先生的课讲得太好了！听起来不仅获得了知识，还能开阔思路，学到治学方法，谁不愿去积极争取这一机会呢？！

（原载《洛阳日报》1990 年 7 月 15 日）

洛阳学子在北大

在我国著名学府——北京大学，聚集着 60 余名洛阳学子。"洛阳多才子"是外省籍的同学对洛阳籍同学的经常性评价，那么，洛阳籍的北大人，究竟是不是名实相副呢？

A 君，是年方十八的才女。她毕业于洛阳市三中，现在就学于北大心理系。"高中时，我读了一篇小说，"她说，"小说中的主人公是一位女心理学家。她是那么的美，又是那么的浪漫，于是，我便决定报考北大心理系。"其实 A 君本人便是一位典型的浪漫女孩儿——聪明漂亮、富有幻想。"我用不着写诗，我本人便是一首最美的诗。"她闪烁着明媚的大眼说，自信得近乎自负。不过，A 君的确有她自信的理由：小小年纪，她已阅读了中外文学名著，能大段大段地背出许多古诗词，弹一手好吉他，打一手好网球，交际舞又跳得飘逸潇洒。这样的才女，少不了众多的追求者，可她自有成竹在胸："不到 26 岁，我绝对不谈恋爱，没有必要将自己过早地归属于某一人。"

B君，是从洛阳外语学院考入北大西语系的硕士研究生，清秀的脸上架一副近视镜，更显出几分学者的风度。他的专业外语是蒙古语，今年蒙古代表团来我国访问，他被指派为该团的临时翻译，不用说，蒙古语水平是相当之高了。目前，他除了二外英语之外，还在自学第三门外国语。瘦瘦小小的身材，怎么盛下那么多的外语单词？不过你可千万别以为他只是个书呆子，业余时间，他到处鼓吹佛教、道教的玄妙之处。有一次他给我大侃佛门宏观，只见他摇头晃脑、妙语连珠，而又神态超然，俨然是一位四大皆空的佛教徒了。

C君，个子矮小，却是北大校园的著名大诗人。传说有一次，此君诗兴大发，全不顾讲台上教师都讲了些什么，"哗哗哗"地在笔记本上飞龙走蛇，乘兴作诗，写至动情处，禁不住泪如泉涌，边哭边写，边写边哭。还别说，他的诗，虽说不无顺口溜之嫌，却也情真意切、感人肺腑。有一次他同我谈起自己的计划："我要在北大的校史上，实现两个零的突破：一是第一次举办个人诗歌朗诵会，二是第一次在北大出版个人诗集。"没准儿，他还真能实现自己的目标呢。

D 君，原来在洛阳市文物园林局工作，后考入北大考古系攻读硕士学位。他是个规规矩矩的读书人。资料室的老师对他的印象最为深刻。他基本上不参加任何社交活动，整天都是读啊、抄啊、写啊。在研究生二年级，他已经发表了学术论文。毕业论文更因资料翔实、论据充分、思维缜密，备受先生们的好评。

严格地讲，E 君已不算北大人。因为这位来自洛阳的北大研究生，不到毕业之时已跻身商界。他的日语学得特别好，曾一度与一位日本女留学生处朋友。北大食堂的大肉饺子最便宜，一元钱一斤，这位仁兄便老是请那位东洋姑娘品尝中国的这一"风味食品"。如今，他早已翩翩然走上经商之道，想来再不会邀请自己的女朋友吃饺子了吧。

虽说，每一个洛阳籍的北大人各有不同，但大家却拥有一个共同的心愿：都希望故乡洛阳变得更美丽、更文明、更富强！

（原载《洛阳日报》1990 年 8 月 19 日）

叁
燕园风光

北大宁静的校园、旖旎的风光、伟大的学者，在我的心头留下美好的印象，我不能不拿起笔来，描写她楚楚动人的风采神韵，述说她风流倜傥的名人逸事。

"一塔湖图"

在来北大之前，有人诡秘地告诉我，北大真美，美得"一塌糊涂"。北大美在何处？美在"一塌糊涂"。

一塌糊涂，还能和美挂上钩吗？这不是开玩笑吗？

时间久了，才知道北大人自嘲的"一塌糊涂"，实际上是指"一塔湖图"，即博雅塔、未名湖和图书馆合称的谐音。正话反说，亦庄亦谐，一贯是北大人的风格。风姿绰约的博雅塔、波光潋滟的未名湖、灯火通明的图书馆，"一塔湖图"的确构成了北大靓丽绝美的风景线。

人们从石狮守卫的北京大学西门进入北大校园，迎面看到一对秀丽的华表矗立在办公楼后边的绿茵场上。继续漫步向东，便是未名湖。未名湖是北京大学校园内最大的人工湖，她位于校园的中北部，在清朝原本是圆明园附属的和珅花园淑春园中的人工湖。直到20世纪20年代开始成为燕京大学的一部分。燕大校方请来设计师亨利·墨菲先生规划了校园布局。而未名湖据说最初由著名历史学家钱穆命名，它是在原有自然水面的基础上规划整理而成，以前靠北京万泉河供水，目前靠人工蓄水。它的整体形状大体呈"U"形。湖的西南部有翻尾石鱼雕塑，不小心则难觅其踪影。湖的中央有长满绿草的湖心岛，该岛北有石桥与北面湖岸相通。湖心岛的南端有一个石舫，石舫按照颐和园的石舫修建，但后来上部结构被焚毁，今仅存石质基座。如果站在石舫上横笛一吹，引起涛声阵阵，自然妙不可言。

　　未名湖的东边是大名鼎鼎的博雅塔。博雅塔原本是供北大燕园居民饮水用的水塔，其造型则仿照通州燃灯古塔的样子，用辽代密檐砖建成。塔共13级，高达37米。远远望去，风姿绰约的博雅塔倒映在碧波之中，成为北大人的最爱之景。这里原本是1924年7月燕京大学为了解决生活用水挖掘的一口水井，主要由当时任燕京大学哲学系教授的博晨光的叔父捐资兴建。博雅塔看似平常，但却是设计者独具匠心安排的杰作。它高高的塔身，时时呈现出不同角度的美丽倩影。塔集使用功能、艺术造型、环境协调三方面高度统一，不失为点石成金之杰作。塔内顺螺旋梯向上可直达塔顶，在那里极目远眺，北京西山风光便可尽收眼底，令人心胸开阔；向下俯视澄湖如镜，塔影毕现，难怪北大人称这里的景观为"湖光塔影"。

说起塔来，这可是我国建筑史上的奇观，是我国建筑大师对人类建筑的一大贡献。按照质料划分，我国有木塔、砖塔之分；论建筑年代，我国目前所见到的最早的是河北应县木塔。另外，还有开封的铁塔、云南大理三塔、西安大雁塔等。北大的这座水塔外形，取北魏砖塔的风格，盖成13层砖塔，色调为灰色，显得端庄稳重。每当清风袭来，塔顶上的铜铃传来叮铃叮铃的响声，仿佛低声吟唱佛门圣曲。

翻过未名湖南岸的一道矮矮的土岭，与博雅塔遥相呼应的是青砖镶边、方正敞亮的北大图书馆。

北大图书馆是国内高校图书馆中藏书量最大的一座，这里不仅有丰富的图书，图书馆周边更是北大人散步的好去处。且不说图书馆南大门东侧道路两旁的银杏树，每当秋高气爽，从图书馆走出来的文质彬彬的老师、言笑晏晏的学生，踩着从空中飘落下来的金黄色的银杏叶，构成一幅幅优美的图画。银杏树的北边，也就是图书馆东门前的广场，铺满绿草和鲜花，夕阳西下的傍晚，霞光万丈，从北边树林里不时传来未名湖清爽的气息和博雅塔悦耳的铃声，使伫立在霞光中的图书馆，更加厚重而凝肃。吃罢晚饭的男女同学成群结队地在广场上散步、交谈或歌唱，年轻人的朝气在图书馆的上空凝聚、升腾，这里自然成为砥砺学子潜心问学、探索未来的起点，这或许是图书馆的魅力所在。

走进图书馆，且不说摆放整齐的书刊、认真负责的工作人员、埋头苦读的莘莘学子，就说每天来此抢位置、占座的情况，也是甜蜜的烦恼。

图书馆中以自习室最富火药味，每张书桌上都散乱地放置着各类花花绿绿的书本、笔记本和千奇百怪的笔袋。守在读物后面的学子们，有的咬着笔杆边看边思考着什么，有的左手翻动书页，右首执笔急速地抄写，也有的与邻座偶尔低声交谈一两句，随后立即恢复各自原有的学习状态。最可观的是，每天一大早，自习室的门前早已挤满了一大群等候的学生，工作人员一开门即蜂拥而上，一瞬间门显得太窄，有一回，

未名湖

一位娇小的女生竟然被挤掉了一只皮鞋！大家冲入图书馆的第一件事就是把自己的书包和读物投掷在课桌上，表示这已经是我的地盘。特别是一些热恋中的男生，为了显示自己天生是护花使者的绅士风度，大义凛然地替心目中的女孩儿抢占座位。当睡眼惺忪的女孩子姗姗来迟时，英雄的脸上流露出掩饰不住的喜悦，仿佛为女朋友攻占了一座城池似的。这时的图书馆成了男女暗送秋波、表达爱意的浪漫场所了。

　　如果少了北大，中国将会怎样？同样，如果少了一塔湖图，北大将会怎样？这么一想，北大人那么偏爱"一塌糊涂"就不难理解了。

难忘的"大讲堂"

　　我在北大读书时，还没有北大百周年纪念讲堂。那时，从北大南门进去，顺着主干道一直往北，不久就会看到，在马路的西边，有一座朴实无华的古典建筑——北大大讲堂。大讲堂是一座红砖砌墙、双面坡、大屋顶的单层建筑物，外观就像一座东西向的简易大库房，里面除了不大的舞台和台下满屋子的破椅子外，再没有别的物件。这里通常是学校举办大型活动的地方，周末的时候用来放映过期的电影或举办各类文娱活动。

　　大讲堂放映的过期电影票价低廉，但常是经典之作。来北大演出的文艺节目，也往往要价不高，却内容精彩。因而大讲堂成为北大人周末的好去处。

在北大看电影，逃门票是屡禁不止的现象，就像丢自行车一样见怪不怪。特别是个别调皮捣蛋的男生，他们的逃票方式五花八门，令守在讲堂大门口的检票人防不胜防。有的逃票者故意在开场前几分钟赶到，那时，大讲堂门口人山人海，拥挤不堪，正好浑水摸鱼。只见逃票者混杂在人头攒动的人群中，手捏过期的废票朝检票人晃晃，不等他核实清楚就已夺门而入。有的连废票也没有，索性拿出跟电影票大小形状差不多的饭票，蒙混过关。那时，简易的大讲堂内没有厕所，于是，一些蹭票的高手，什么票也不拿，装出中场如厕的模样，从检票人眼皮底下大摇大摆地进出大讲堂，免费看电影。

进入场内，逃票者在明亮的灯光底下，先装出寻找座位的样子，到处走动，等演出开始、全场灯光暗淡之后，才开始踅摸座位，看见空座就堂而皇之先坐下再说。万一遇到对号入座者，再不失风度地点头微笑、起身离开，不紧不慢地接着踅摸。遇见持手电筒的工作人员，双方就会上演东躲西藏、你来我闪的游击战，玩起在运动中看电影的游戏。总之，既然我混进来了，谁也休想把我赶出去。

北大人看电影常常动真感情。他们把电影里的情节当做现实里正在发生的事情，与电影里的人物一起喜、怒、哀、乐。遇到荧幕上坏人逞凶，他们会止不住地大喊："混蛋！！杀死他！"好像坏人就在跟前逞威风似的。看到坏人恶有恶报、遭到应有的惩罚，他们会拍掌叫好。每看到受压迫的穷苦人伤心落泪时，他们也会跟着唏嘘不已，仿佛正是自己的亲人受难般难过。如果银幕上的英雄历经千辛万苦，终获成功，他们兴高采烈，齐声欢呼，表达对英雄胜利的庆贺！那时从大讲堂的门窗里传出的阵阵高喊声，一浪接一浪地穿越大讲堂，一直传到马路上。

电影散场了，黑压压的人群从大门口喷出来。此时，余兴未尽的同学们仍沉浸在故事里不能自已。某次，我和一位同学看完美国大片《魔窟寻碟》，他激动得脸色绯红，不住地搓着手说："看过美国的大片之后，往往叫人有一种满足感。""满足感"这三个字实在精妙，我找不到比这三个字更准确的评语了。

除电影外，经常有各种各样的艺术团体到北大大讲堂来演出。大讲堂固然设施简陋，可却是北大的艺术殿堂。来此演出的艺术家们，看中的不仅是北大的牌子，更看重是否能在这里找到知音。一次，著名指挥家李德伦先生来北大指挥演奏交响乐，因路上交通堵塞，耽搁了半个小时，大家起先以为他这是在摆谱，于是怒骂声、口哨声，甚至拍打座椅的愤怒之声在大讲堂内此起彼伏。当李先生终于站到大讲堂的舞台上，向大家道歉时，台下仍嘘声四起，有的跺脚，有的拍打椅子，以示抗议。不过，演出正式开始之后，听众们马上被李先生精湛的指挥艺术和交响乐团演奏的黄钟大吕所折服。一次次热烈的掌声也使李先生兴奋不已，他在演出之后，连续加演了好几首曲子，才热泪盈眶、恋恋不舍地向大家挥手告别。台上台下，情景交融的氛围让演奏家们倍受感动，久久不忍离去。

北大人对美的追求不分东西中洋，一视同仁。曾一度受社会冷落的中央民族乐团来北大演出，同样受到了热烈欢迎。某次，一位年轻俊美、活力四射的二胡女演员演奏《赛马》，琴声激昂热烈，节奏欢快明亮，加上演奏者动作潇洒自如，神情怡然自得，场内掌声和着二胡的节奏发出雷鸣般的声响，整个大讲堂似乎变成了万马奔腾、歌声嘹亮的草原，催人振奋。

在北大，各路艺术家们，遇到知音也往往愿意敞开心扉，与北大同学们交流互动。某次，著名歌唱家蒋大为先生来到北大大讲堂演出，他边唱歌边主动透露自己唱歌的成功秘笈。他特别提到演唱《西游记》主题曲时，不是唱出来而是喊出来的，特别是"一场场酸甜苦辣，一番番春秋冬夏"那两句，必定要"喊"而不是"唱"才有气势。他还当场现身说法地重来了一遍，并让同学们当场试试看。他那亲切的态度，热情的笑脸，文雅的举止，使得他不再是舞台上星光四射的艺术家，而是熟悉的邻家大哥，赢得大家发自内心的喜爱与尊敬。

总之，只要是真善美的艺术，一定会得到北大同学们的认可。那些滥竽充数的作品，就别指望受到北大人的青睐了。电影也一样，遇到水平一般的电影，同学们就会毫不犹豫地弃之而去，荧幕下"垮嗒、垮嗒"翻动椅子、离席而去的声音，不时地在礼堂的各处响起。北大人绝不肯与庸者为伍，哪怕是看一场电影。

现在，回忆起在北大看电影的情景，越发怀念已经失去的大学校园生活。

燕园,名人如梭

在北大,一不留神就会撞见名人,因为,燕园名人如梭。

静园是北大校园中最大的一块草地。早晨,这里绿草如茵,阳光灿烂,空气清爽。我常常见到早起的侯仁之先生在静园东西两侧的马路上踽踽独行。他的步子很轻、很慢,毕竟是80多岁的老人了。但他的腰板挺得很直,步履还算坚定,从容地在阳光下持杖而行,自带一番凛然不可冒犯的绅士风度。

王选先生身材瘦高,目光灼灼生辉。他的嘴巴稍斜,流露出一股犟劲。他住在我家附近。有一段时间,几乎天天早晨,都能见他穿一身宽松的运动服,在树林里的僻静处全神贯注打太极拳。还有,在我从未名湖跑回家中的路上,常常看到他像普通人一样，边扭动着身躯，边排队在路边小摊上买油条。

我们似乎已经对哪怕是芝麻大的官儿，出门动不动就坐公车的现象见惯不怪，但身为名校之长的陈佳洱先生永远是行色匆匆的模样。常常见到他挎个背包，或手拿一叠材料，要么一溜小跑似地快步行走，要么蹬一辆破自行车"呼啦、呼啦"地骑车快速行进，仿佛总有急事在催赶着他。他身材瘦小，但面色红润，目光矍铄，尤其是他和蔼可亲的长者风范，令人如沐春风。在西校门，在大讲堂，甚至在穿过蔚秀园来燕园的途中，好多次与他擦肩而过。

季羡林先生是北大最负盛名的老教授。有一次在朗润园后湖湖畔的长椅上，望到他正在同他的弟子低声谈论着什么。那时正值夕阳西下，湖面波光粼粼，四周鸟语花香，阳光斜照下的季老师徒，构成了一幅超凡脱俗的美好图景。

国际知名人士也是北大讲坛的常客。学术界的学术权威如物理学家杨振宁、李政道，叱咤风云的政治家如南非总统曼德拉、韩国总统金大中，传奇式的实业家如港商李嘉诚，等等，各路英豪在北大讲坛上直抒胸臆。李嘉诚就曾在北大图书馆新馆落成典礼上，讲到做人傲骨与傲气的差别。

北大，名人如梭。虽不曾与他们交谈，但我已从他们的言谈举止中得到启示，受到熏陶。我要沿着他们走过的和正在走的道路，也像他们那样默默地、平静地、谦逊地前行。

季羡林印象

季羡林先生是北京大学东语系的著名教授，被世人誉为国学大师。季老一辈子勤勤恳恳，终其一生，在中印文化交流、佛教史、糖史、文学、语言学、翻译学等多个学科作出了卓越贡献，自不待言。更为大家所津津乐道的不仅是他渊博的学识、惊人的毅力，还有他平等待人、和蔼可亲的处世风范。

一位新入北大的本科生把季老误作扫地老头，于是吩咐这个老头儿替他看包的故事，在北大广为流传。当这位新生在入学典礼的主席台上，发现为自己看了几个小时行李的老人竟是大名鼎鼎的副校长季羡林先生时，不禁为老人的谦逊美德所折服。

我没有近距离接触季老的福气，也没有让季老为我看过行李，笔下所言只能是只鳞片爪。出于对季老的崇拜和怀念，我把我接触到的季老的若干片段，记述于下。

我在北大，听过季羡林先生的讲演，读过《季羡林散文选》，那大概是他较早的一本散文集。其中，有一篇印象特别深刻，是他自己说，他把第一篇散文寄给某编辑部时，编辑部毫不客气地退了他的稿子，认为他写的东西哪里是什么散文，简直就是一篇中学生的作业。

不过，季羡林先生很执拗，你越是看不上我写的散文，我越要努力地写。写着写着，他的散文水平见长，如今，他的散文果然自成一家了。他的这个故事给了我很深的刺激。老实讲，他最初那篇被编辑部退回的稿子，也收录到《季羡林散文集》当中。阅读之后，我倒觉得那位负责的编辑是对的，那时，季先生写的散文水平实在让人不敢恭维，就是一篇中学生作文的水平，内容没有新意不说，文章的结构和遣词造句无不稚嫩，以至于略显造作和扭捏。不过，这篇文章正好见证了季羡林先生从稚嫩走向辉煌的散文创作过程。

季羡林先生收了一位高徒做博士。这位博士提起导师，不叫季老，而是呼之为"老季"，他对季羡林先生佩服得五体投地。有一次，酒酣耳热之后，他大谈季老道："老季，并没有绝艺在身，也不是聪明绝顶之人，他之所以如此成功，就是两个字：勤奋。他能做到几十年如一日地勤奋，我们可能会勤奋一年两年，三年五年，但是，像他那样，几十年下来，天天早晨四五点起床，接着就忙着写作、阅读，天天如此，实在是太难了。谁能像他那样做到几十年如一日勤奋治学，谁就能成功，我敢打包票。"

我听季先生讲演，是在北大东四操场附近的一个大教室里，照例坐满了听众。我记得季先生当天穿一身深蓝色的中山装，高高瘦瘦的身板，满头银发，精神矍铄，眼睛不大，但炯炯有神。他讲话时，声音不高，且夹杂山东口音，但是，很清楚，也很敦厚，不造作，很朴实的感觉。他激烈地批评文坛和学术界的浮躁之风，痛骂一些学术骗子，厉言道："我倒要看看这些学术骗子能够招摇撞骗到何时？"

我们虽然不曾登过季老的家门，但是知道他就住在未名湖北边不远的一幢宿舍楼里。这幢楼的西边是一池塘，池塘内还长有一棵历史悠久的古树。春夏时节，池塘里荷香四溢，古树、清荷、绿水，构成一幅浓重的山水画。

我曾跑步经过这片浅水域。某次，恰好看到穿一身白色绸子衣裤的季老，坐在池塘旁边的一块石头上，身边是向他求教的年轻教师。一老一少，在夕阳里，一坐一站，季老时而举起拐杖朝夕阳方向指指点点，年轻人顺着季老指出的方向远远望去，又同季老低声交谈并频频点头。这难道不是北京大学最优美、最动人的一幅师生图吗？

季羡林先生

多少次，在懈怠的时候，我的耳边就响起季老学生的话："老季没什么，就是勤奋。谁能够做到像他那样勤奋，谁就能够成功。"

是的，如果我能够坚持像季老那样，排除一切干扰，持之以恒地看书，写文章，不说多，每天写 2 000 字，10 天就是 2 万字，一年 365 天下来就是 70 万字，十年就是 700 万字，而 20 年后就将是一个很可观的数字——1 400 万字。那将是一个大学者的任务量。

数字好算，实施起来困难重重，而最大的阻力不是别人，也不是外界的客观条件，而是自己。我最担心的也是季老的学生所说的，自己没有恒心，没有毅力，最终功亏一篑，所谓行百里者半九十，说得也是这个道理。

李仰松老师的君子风度

北大考古系李仰松老师身带一股君子风度。他年轻时，在佤族地区搞民族调查，宛如一名电影明星一般，举手投足间透露出学者的儒雅之气。他不仅人长得帅气，更重要的是他的品格、他的情趣、他的为人，无不折射出他的君子风度。

他对人极其客气、礼貌。见了晚辈照样满面笑容，使人如沐春风。他步履平缓，永远是一副不急不躁的样子。说话声音平和，不高不低。他和人交谈时喜欢轻轻地拍拍对方肩膀，仿佛见到了多年未见的老朋友。他即使说着语惊四座的话，也还是眯缝着细长的眼睛，亲切地平缓地说来，让话语本身打动人。

他是出了名的好人。在考古系，提起李老师，无论是名教授，还是普普通通的办公人员，无不钦佩他的人品。他有理由赢得大家的尊重。

他身上曾经发生过发表了文章却未领到稿费的怪事。后来，一名看门师傅受良心的谴责，主动向李老师负荆请罪，说自己偷偷把李老师的汇款单拿了去，再到系办公室，以给李老师代取的名义加盖公章，拿出钱后自己花掉了。李老师原谅了他。后来提起此事，语气平和得像在说着一件与己无关的小事。他这个人不记仇。

我随李老师到海南岛搞民族考古调查。李老师不以北大名教授自居，而是与普通人一样挤公共汽车。有时在颠簸的山路上，年过六旬的李老师连个座位都没有，我作为护法取经的弟子替他张罗着找座位，他却会反过来生我的气："老实一会吧，就你的老师特殊。"

我们到广东调查时，他的学生——某富豪的女儿出面，把我俩安排到中山县某豪华度假村休息。以貌取人的保安人员冲过来，不问青红皂白就直嚷嚷，想把我们赶出去。我十分气愤地盯着他，待到他气势汹汹来到跟前时，大声喝斥他狗眼看人低，不是你们主人请我们来，我们才懒得到你这鬼地方来呢。我本以为李老师即使不夸我仗义执言，至少也不会批评我。可是李老师却正颜厉色地批评我，说你既然知道人家认错人了，你还不及时做出解释，而是眼睁睁地看着人家误会越来越深，直到最后你骂了人家才算痛快！你这就叫存心不善。对于李老师的严厉批评，我不回嘴，但心里不服。心想，好，我看你遇到此类事情怎么处理。说话间，我们来到贵宾楼的门前，守候在电梯门前的保安把手一挡，做了一个拒绝入内的手势："对不起，这里不能参观，请离开。"他怎么知道我们不是来住宿的，而是来看西洋镜的呢？想想就叫人来气。这时李老师笑眯眯地从口袋里掏出房卡，轻声地对保安说："我们不是来参观的，我们是这里的房客，请让我们上去吧。"听到我们是房客，电梯保安立即举手致敬，嘴里不停地说："啊，对不起，对不起，请进请进。"保安一边点头，一边拉门，一脸的敬意。无疑地，李老师的君子风度让这位保安折服了，其效果的确比我的怒气冲冲强多了。

李老师遇事不慌也是我亲自领教的。从海南搭船返回广州时，我们遭遇了海上交通事故。一艘外国船把我们乘坐的客船撞出个大口子。当时，我和李老师坐在二层的船舱里。只见对面船头像削尖了刃部的刺刀直冲过来。李老师首先发现，大吼一声："快闪开，对面的船头撞过来了。"说时迟那时快，只听一声巨响，对面船头瞬间刺穿了我们乘坐的船只。船舱里像炸开了锅，顿时乱作一团。有人大喊："不好了，就要沉船了。"死神仿佛一下子降临到每位乘客的头上。我感到极度地紧张，李老师也面色苍白，他也很担心发生意外。但多年的野外调查生活，磨练出他遇事不慌的处事态度。他不顾自己的安危，首先从座位下拉出救生衣，一边帮我穿上救生衣，系好扣子，一边说："越是到紧要关头，越要冷静，不要怕！"他的声音很轻，但听起来十分镇定。他还特意把我们调查的材料包在一个包裹里，说："即使我们牺牲了，材料要留下，对事业有帮助。"这都什么时候了，他老人家还想着保材料，真是事业比生命还宝贵啊。

李老师在评职称时，不跑动，不活动。好心的同事来劝他："酒香也怕巷子深，老李呀，你还是活动活动吧。"李老师答道："活动什么，自己做了哪些事情，够不够教授水平，自己还不清楚？我就不活动，爱评不评。"

李老师常劝我们遇事想开点，往长远看。他退休前，系里对他的处理不是很公道。他开设的课程被停掉了，没有留下一名学生来继承他开设的民族考古专业课。他没有过多地指责谁，只是似有所指地说："我平生最看不惯的是那种小人，没当上官时摇尾乞怜，一但当上立马变脸，等到下台时，再摇尾乞怜！"他过着真正意义上的退休生活。他基本不再做做了一辈子的考古学问，而是转向了画画儿。他上了老年大学，学画山水画，绘画成了他晚年的爱好。每次去他家中，他都像一个期待大人表扬的小学生那样，拿出自己的课堂作业让我们欣赏。每当听到我们夸奖他时，他都笑得合不拢嘴，说："我本来就是当画家的料，我们中学老师就讲我有绘画的天赋。如果几十年前就干画画，我现在肯定是一名大画家了！"

提起李老师，我的面前就呈现出他的洒脱和智慧，以及随遇而安的神态来。李老师，真君子也。

未名湖四季

第一次感受未名湖，是从我高中同学寄给我的照片上。照片上的背景是未名湖和湖畔的博雅塔，他就站在结了冰的未名湖湖面上，双手插在裤兜里，仰面朝天地微笑着。他所在的背景是如此的美丽，我当时还以为他是特意赶到公园里拍摄的呢。

读北大研究生之后，我才明白所谓"一塔湖图"中的未名湖的确是北大学子的最爱。我入北大不久，也在湖心岛上留下了横笛一曲的彩照。未名湖是美丽的春姑娘，未名湖是极富魅力的钢琴家，未名湖是永不褪色的风景画。这风景画的内容因四季的不同更换着不同的美，交替着流动的韵律。

春天的未名湖春机盎然，像春姑娘展开了翅膀。先是看到久

未名湖之春

蓄冬日的薄冰悄悄融化，一场场春雨不断拍打未名湖的湖面。忽然有一天，湖边的柳叶像姑娘的臂膀舒展开来，湖水像染了一层绿，在春风的吹拂下，抖动着，欢呼着。女大学生们脱去冬装，开始穿上花花绿绿的裙子，蝴蝶般在湖边的小路上穿行。她们唧唧喳喳地说笑着，与湖畔的迎春花一起构成春天艳丽的画卷。春天的未名湖啊，多么的浪漫温馨。

夏天的未名湖像浸染了绿色琼浆的杯子，不仅湖边的杨柳长得枝肥叶茂，连湖心岛上的野蒿和水里的莲草都长出一人多高，在满眼绿色中透露出一种壮美的气势。如果说，春天的未名湖是羞怯的姑娘，夏天的未名湖更像一位威武的将士，浑身上下散发出雄浑和力量。尤其，在疾风骤雨降临的夏夜，最好再带些电闪雷鸣，你伫立在未名湖畔，不，你最好沿湖畔呐喊着奔跑着，你会看到平时静如处子的湖面掀起一阵阵的巨浪，发出地动山摇的声响，湖边的古树和新枝一起遥相呼应，整个未名湖像火山一样发泄蓄在心中的郁闷。这时的未名湖是战场。

秋天的未名湖是金色的世界。最爱看湖北岸一排高高耸立着的整齐的银杏树。被秋风染成金黄色的树叶缀满枝头，在秋高气爽的阳光照耀下发出耀目的金色，一棵金树挨一棵金树，倒映在波光粼粼的湖面上，仿佛一支身着盛装接受检阅的军队。再看银杏树下被铺成金黄色地毯的绿茵，是那么的柔软厚实，姑娘们索性坐卧在上面，留下青春的倩影。优美的神态，凝重的背景，谁能不由衷地赞叹，秋天的未名湖是读书人最好的搭档。

且慢，还有冬天的未名湖呢。冬天的未名湖是安徒生笔下的童话。当大雪纷飞的时候，可以独自一人来这里走走。雪把一切都染成了白色，一切都变得纯洁起来。树啊塔啊，亭子啊石头啊，全披上了洁白的银装，再没有一点污浊的痕迹。走在厚厚的积雪上，脚下发出"咯吱咯吱"的声响，有一种置身深山老林的奇妙感觉。平时的烦恼，全被埋在积雪里，踩在脚底下，陪伴你的是纯洁，是高尚，是静谧，是神圣。你会希望这雪一直下着，而你在无人的风雪里一直走着，永无止境。

自然，雪后的未名湖变成了溜冰人的乐园。看，滑冰健将在这里一展身手，身段灵巧得像鸟儿一般。也有初学者不停地摔着跟头。不同年龄、不同身份，都在冰面上嬉笑着，欢乐着，这冬天的未名湖哪里还有严寒的影子？

做为一名北大人，我离开未名湖已经很久了。每次回到北大，我常常一个人到未名湖畔走一走，看一看，未名湖永驻我心。

我们的班主任

我在考完北大硕士研究生入学考试之后，天天盼望着北大的录取通知书。眼看着开学的时间到了，仍不见入学通知书，我便向北大考古系写了一封信，询问情况。数日之后，收到北大回信，不料满页信纸只有四个大字"稍安勿躁"，署名王迅。这么奇怪的信函，加深了我对写信人的好奇。

入学之后才知道，王迅是我们班的班主任。那时王迅老师博士刚毕业。北大的班主任通常由留校青年教师担任。年纪大的老师们一般不担任这一婆婆妈妈的角色。

王老师当我们班主任期间，近乎于放任自流，几乎没有开展过一次像模像样的活动，倒是有一次晚餐，让人印象深刻，大概这辈子都忘不了。

听说王迅老师酒量过人，天天饮酒不辍，却从来没有喝高过。我们班同学樊力那时也很能灌酒。他出面发动全班11位同学到王迅老师宿舍（那时他住单身宿舍），集中猛灌王老师。平时王老师见了女生，还有点不好意思。如今有漂亮女生深夜前来敬酒，哪里敢辞，一杯接一杯喝个不停。加上男生群起而"攻"之，王老师终于不胜酒力，当场醉酒，出尽洋相。樊力这才心满意足，安顿好王老师，出了屋门捂嘴笑道："我还就不信搞不掂他。"说完哈哈大笑，率众扬长而去。

王老师属于才子型的人物。他讲，当年在内蒙古，呼和浩特曾经出过一个谜语，让全市人来猜。谜语放在广场上数天，没人能够猜出，最终还是他人到谜除。

王老师的博士论文写得极为成功，但他也为此付出了极大心血。有一次我到他家聊天，无意中看到书架上置有藏青色的茶盘和圆球，造型别致，就忍不住拿起来端详，不想硕大的物件竟十分轻巧。王老师见我一脸茫然，解答道，这是用博士论文的底稿团成的。写一次博士论文无异脱一层皮，论文底稿用纸竟装成几大纸箱，弃之可惜，留下又占地儿，于是，把数箱稿纸放入水中浸泡，然后团成两个"艺术品"，岂不妙哉？

王老师的幽默脱口而出，常出人意料。班上有一位自负的博士，不管喊谁的名字，一律加个"小"字。有一次，提起一段古文的含义，他插话说，小郑早说过了，我们还争论什么呀。众人不解，忙问小郑是何方神仙，答曰"汉代的郑玄嘛"。我们背后都管叫这位 27 岁博士生"小神童"。有一次，王迅老师打听小神童有多大。当听说 27 岁时，他脱口而出"年近而立，不是神童，而是神汉了"，逗得大家哈哈大笑。

还有一次，他的一位大学同学（现在也留校作了老师），在众人面前不停地揉腰，说是近日腰痛不止，痛苦难忍，不知如何是好。王迅老师在一旁说："那你就去按摩院好好按摩按摩吧。"

那位同学立即避嫌道："不不不，我从来不去那种场合的。"

王迅老师回道："你想到哪里去了？是叫你到盲人按摩诊所去。你这腰只有瞎子才能按好啊。"

考古系每年的春节联欢晚会的保留节目是王老师的幽默表演。他能年年花样翻新，从不让人厌倦，比赵本山还要赵本山，毫无山穷水尽之兆。有一次，主持人说，现在请我们系的幽默大师王迅老师给我们表演节目。他站起来慢腾腾地说：越想幽默越幽默不起来，我来时把幽默忘在家里了，今晚只给大家带来一个礼物。不过这个礼物，女生们不能看。听王老师这样一说，当然女生们起哄要看，王老师忽然像魔术师那样，不知从哪里一下子掏出个面目狰狞的骷髅，这个骷髅被涂成猩红色，龇一口白牙，嘴还一张一合地发出瘆人的怪叫，女生们吓得哇哇乱叫，王迅老师则神态自然地说道，节目到此结束，明年再会！

王老师喜欢自己亲手给女士们做礼物，每逢节日，他总会寄出一些自己制作的千奇百怪的小礼物，给他的一些女朋友们。

王老师近几年不够得志。据跟他共事的老师说，带田野考古实习本是考古系视为基本功的头等大事，而他带学生实习，不肯手把手地蹲探方教同学怎么挖。他自个落个清净自在，可是却把同学们的实习大事给耽搁了。他有他的理论：聪明的学生不用教，不聪明的学生教不会。他看不起所谓勤学好问的学生，因为他觉得聪明无须勤学，懂了就不必多问。这又是一则王氏定理。

王老师在日本学术访问时，曾与日本天皇夫人一同出席一个晚会。他被日方尊为贵宾，坐在天皇夫人的旁边。这张照片被日本知名报纸刊登出来了。他留下一张压在家里书桌的玻璃板下，报纸上画了个粗大的箭头，指向自己的照片，箭头的末尾注明一个字："我"。

王老师分析，为什么考上北大的漂亮女生不多。他说，姑娘们如果其貌不扬，就会化悲愤为力量，把全部精力和智慧放在学习和考试上，考取名牌大学，心理上就得取得某种平衡。漂亮的女孩往往学不进去，也用不着寒窗苦读。此乃北大少美女的真正原因。

有一次，我们开玩笑说，系里某位单身女老师，是王迅老师的崇拜者。他不反对，还说："我的女崇拜者多着呢。"

王老师的母亲早年毕业于日本早稻田大学文学系。老人年事已高，但举手投足，风度绝佳，思维敏捷，语惊四座。这位个头不高、面目清癯的老者，令人肃然起敬。有一次，我们到王老师家做客，恰逢老人也在，她批评自己的儿子脑瓜太笨，做人木讷。我们听罢，个个噤若寒蝉，如果王老师在她眼里还是笨伯，我等还有几人不是傻瓜？

王老师近年来，忽然对民俗学感了兴趣。他受著名民俗学家、北京师范大学钟敬文先生之托，写了十二生肖中兔和猪两个小册子。一曰"兔文化"，一曰"猪文化"。问他为何写这两个。答曰，龙啊，虎啊，是抢手货，早被人抢走了，就剩下这等货色了。不过，也有好处，我这叫"于无声处胜有声，白兔黑猪胜虎龙"。

王老师写诗带些把玩的味道，是十足的玩文学，玩给自己和同好者看，一首也不拿出去换钱。他最喜欢做首尾接龙的诗词，即上句的最后一个字也是下一句最开始的一个字，末行的最后一个字，又是首行的最初一个字，一首诗能写成一圆圈。在他看来，能写好这样的诗，那才叫本事！

我总觉得王老师是罕见的具有古风的高人。在当今社会熙熙攘攘的人群中，他这种人显得很另类，大家又不能完全理解他，跟不上他，反而常常低看了他。其实，像王老师这样的，往往才高八斗，超凡脱俗，不是另类，而是精英。平凡嘈杂的世界因有他们显得更幽默、更智慧、更有趣！

我们应该爱他们，敬他们。

同 学 阿 朱

不止一次听说，北大人的教育是两线并行的：一条线是老师对学生的垂直教育，一条线是同学之间的并行教育。以我的感受，这两条线缺一不可，甚至，后者因年龄相仿，境遇相同，机会更多，因而显得更重要。我入研究生班那年，考古系只有三个学生，其中，阿朱对我的影响极大。

阿朱的父亲是外地一所中专学校的校长，阿朱也可以说是出身官宦之家，可是，阿朱身上却没有一点官宦子弟的毛病。

阿朱是个热心肠，不管是谁的忙，只要有人提出来，他总是热情相帮。上博士的时候，由于找他修理自行车的同学太多，他索性备下一个工具箱，里面杂七杂八地搁着各种家伙，什么钳子、胶水、破轮胎片、气筒等。有人不理解，都当大博士了，还干这些力气活，值得吗？尽管大家这样奚落他，阿朱总是嘿嘿一笑了之。实际上，连嘲笑他的人也时常找他修车。

阿朱在自己的上衣口袋外侧，别了周恩来总理那样胸前常别的"为人民服务"的小横条纪念章。这种"文革"时的小物件，不知他从哪里弄来的。

阿朱的忍耐，让我服气透顶。我们那时住在北大东门外沟沿3号小院子的居民家里，因为是硕士研究生班成员，第一年校内没有宿舍。房东夫妇拿着我们的房租还有点瞧不起我们，在他们眼里，北大学生分三等：第一等是研讨生。所谓研讨生，就是社会上那些头头脑脑们，参加北大举办的各类研讨班，在北大待上一段时间，大家互相拉拉关系，再接受点北大老师传授的新东西，回原单位等于镀了一层金。他们来去坐飞机，反正是花单位的钱，不用自己掏腰包。第二等是住在校内的正规的研究生。第三等是我们这种研究生班的学员，坐不起飞机，也不在学校住，等于是既没有关系，又没有真本事，还想来沾北大的光。所以，他们平时对我们说话就指手画脚，全是命令式，我早就憋一肚子火了。每逢这时，阿朱就来安慰我：没事，别当回事，我们不会久居人下的。

有一次，我们把自己买来喝酒的空酒瓶子卖给了沿街收酒瓶子的人，被房东老大娘发现了。她认为凡是堆放在他家院子里的东西，自然就是他家的，哪怕是我们买的啤酒，喝光剩下的空瓶子一律都是她的，我们无权处理。我就不认这个理。我买的啤酒，凭什么就不能处理空酒瓶子？老太太和我叮叮咣咣就干起来了。一会儿阿朱回来了，一个劲地给老太太赔不是，可老太太不依不饶，骂我们什么研究生，连她的孙子都不如。听到老太太出言不逊，我更怒了，但是阿朱自始至终笑脸相迎，还带着讨好的口气对老太太说："大娘，您消消气，您别光看我们现在惹您生气了，将来您会夸我们懂事的。"阿朱一而再、再而三的道歉，使得老太太都不好意思再嚷嚷下去了。

到了晚上，房东的二小子回来了，扬言要替他妈出这口恶气，找上门来下挑战书，让我找个僻静的地方外出单挑，看究竟谁更厉害。论打架，我一个白面书生，当然不是这个彪形大汉的对手。这时，又是阿朱和颜悦色、心平气和地出来解围，那位大汉才善罢甘休。没有阿朱的忍，打架已在所难免。

还有一次，热情的阿朱给急着找女朋友的某位男同学四处物色对象。他终于把那位同学看上的一位本科生约到了一起，由阿朱做东，大家作陪，让他们俩认识一下。席间，由于初次见面，谈对象的两人难免尴尬，阿朱多次以红娘的身份打圆场，努力调解吃饭的气氛。不想散席之后，这位老兄一个劲儿地埋怨阿朱多嘴，嘴里还振振有词："你真是多嘴！是我谈女朋友，还是你谈？有你这样给人当红娘的吗？少说几句没人把你当哑巴！"他一连串地骂个不停，我们都听不下去了，纷纷替出钱出力却不讨好的阿朱叫屈。可是，阿朱却认真地接受了他的批评。他紧紧地绷着嘴，从鼻翼两侧向下显出两道深沟，显然他在努力地克制自己的情绪。是啊，自己一片好心，破费不说，反招来一通无理的埋怨，真是岂有此理！想想那时候，他不过20多岁，正是容易冲动的时候，而他却能够做到不温不火，最终赢来同学们的赞誉，真是难得。

我与阿朱同窗两年，没有见他发过一次火，他也没有一天不在帮助别人。他胸前的"为人民服务"的徽章应该不是做样子，而应该是他抱定的志愿吧。

当我在现实生活中，一遇到激动或容易发火的事，我就会想，要是阿朱他会怎么做？这样一想，怒火压下去一多半。这点不能不归功于阿朱潜移默化的影响。

肆

海南之行

海南岛，像孤悬南海之上的一朵仙葩，令人神往。我有幸亲自目睹海岛上的黎族、苗族生产、生活的一切，仿佛置身于远古时代，领略古代人类的衣食住行，不能不说那是一次神奇的海南行。

突如其来的海上遇险，更映衬出导师的沉着冷静。

如云如裳，绚丽多彩
——海南岛本地黎族妇女服饰趣谈

风光秀丽的海南岛是镶嵌在祖国南海之上的一颗明珠。很久以前在山清水秀的海南岛腹地——白沙黎族苗族自治县境内便繁衍生息着黎族的一个重要支系——"本地黎"（黎语称"润"黎）。1990年和1995年，笔者先后两次深入到白沙县黎族村寨开展民族考古调查，获得一大批民族学资料，本地黎族服饰文化便是其中之一。本地黎族妇女服饰如云如裳，绚丽多彩，令人难忘。

关于黎族服饰，万历《琼州府志》卷八载：

服饰如罩被，穿中央为贯头，吉贝卫衣。两幅前后为裙，阔不过尺，掩不过膝，椎鬓跣足，插银钗，花幔缠头，腰带滕圈。

迄今为止在白沙县本地黎境内，仍可见到幔头巾、贯头衣、短花筒裙以及银钗等服饰。

花幔头巾

深蓝色的布料制成的长 3—5、宽 0.15 米的条幅。前端绣花巾滚边，尾端系一鲜红的尾穗。使用时，把头巾一圈圈缠裹在头顶上，状如一顶圆帽，深蓝色头巾端庄稳重，鲜红色尾穗则飘逸活泼。

贯头衣

贯头衣历史悠久，《汉书·地理志》载：

> 武帝元封元年略以为儋耳、珠厓郡。民皆服布如单被，穿中央为贯头。

这种古老的服饰至今仍盛行于本地黎地区。服饰"V 字形领口，不开襟，无正反面之分，贯头而穿衣。领口用红布条或彩色玻璃珠滚边，袖口用花布帮衬，左右下摆各缝一块单面绣的彩色方布，两块方布之间，再以数条彩带贯通底边。

短花筒裙

类似于现代女性时装——超短裙，实际上由单面绣或双面绣的绣花布条拼接而成。每条绣花布宽10厘米左右，一个筒裙通常由三条绣花布拼接而成，加起来长不及尺，于是有的另接一截白衬布或数条绣花布以增加长度，即便如此，穿上花筒裙仍不及膝。

按照传统，女孩从10多岁开始向老年妇女学习纺织技术，逐渐学会纺织、织布、绣花、染色。每个女孩在出嫁之前，一般都会自己动手绣制一两套短花筒裙，做为自己的陪嫁衣。黎家少女心灵手巧，巧妙的构图，绚丽的色彩，绣制成的短花筒，不失为一件艺术珍品。

因区域的不同，服装亦有所变化。地处南开河上游的南开乡高峰管理区的女子服装最具原始性。短花筒裙特别短，

黎族妇女服饰

黎族妇女服饰

只好用白衬布相接。贯头衣下摆处则缝上三条绣花条带，每条宽约5厘米左右。服装图案以横向几何纹为主。

　　沿南开河自西向东抵达南开乡莫好村，服装已发生变化。短花筒裙加长，而且用一条较宽的绣花布代替白衬布。贯头衣下摆处只有一条绣花带，图案已是抽象化的动物写意图案。

　　自莫好村继续向北到达南开河中游的白沙县城附近，短花筒裙更长。而贯头衣下摆所镶花边和筒裙图案，已变成纵向为主，动物写意花纹已占上风。

　　调查发现，本地黎妇女对于发饰也相当讲究。他们认为赤足与否无关紧要，漂亮的乌发却离不开精美的发饰。乌发间常见发饰有银钗、骨梳、骨头钗等。

银钗

通常长20厘米左右，呈"T"形，由伞状钗帽与圆锥形钗杆组成。银杆通体镂刻繁缛花纹，前部系数束闪亮的银铃铛，上系红线绳，线绳另一端与缀满绿色玻璃珠的两条细线相接，这两条细线牵引两束红线穗。银钗古朴雅致，红穗鲜艳美丽，二者相得益彰。

骨梳

黎语称作"象"，由上、中、下三部分构成。上部是一呈倒梯形的骨块，琢磨得光滑如玉；中部是一中空的长方形骨块，正反两面皆雕刻细腻的几何形图案；下部是用竹片削刮而成的密集修长的梳齿。梳齿穿越中部骨块，镶嵌在上部骨块下端的凹槽中。

银钗与骨梳配合使用，其中银钗横别在脑后的发髻前方。满头青丝，以漂亮的发饰点缀，这才符合黎家少女的审美情趣。

骨头钗

据黎族老人介绍，本地黎男子过去留长发，便用骨头钗做发饰。骨头钗通体呈扁条状，钗上饰波折纹、三角纹等几何形图案以及鱼、花等动植物图案。骨头钗的顶端用红线系若干束银珠、银铃和银叶作装饰，有的还在中部系两根银链，

黎族妇女头饰

连接数束缀有绿色玉珠的红缨穗。

制作骨头钗是男子的老行当，他们取来牛骨做原料，经过切割、琢磨、雕刻、上色等工序，通常需花上十天半月，才能做成一件。因此具有独特的造型、精美的图案和细致的做工的骨头钗备受黎族男子的青睐，后来也逐渐成为深受黎族妇女喜爱的头饰之一。现今，能够制作骨头钗的黎族工匠已屈指可数，骨头钗已成为不可多得的本地黎民族艺术精品。

（原载《文物天地》1996年2期）

海南黎族的船形屋

船形屋因其外观像船而得名，是海南黎族建筑文化的代表。1991 年春，笔者随从导师北大考古系李仰松先生赴海南，对 11 个县（市）的黎族居住区进行民族考古调查；1994 年春，笔者又在海南省白沙县南开乡进行蹲点调查。前后两次调查，接触到不少有关船形屋的资料。

船形屋依其结构形制可分为干栏式与地面式两类，前者是黎族较原始的住宅形式。据笔者调查，干栏式船形屋平面大多呈纵列长方形，建房时先用木桩、木板和竹竿构成屋柱和楼板，然后在楼板上架设弯曲的梁桁如船篷状框架，再盖上一排排扎好的茅草排，外轮廓便像一条船。在"船"的首尾两端开门，前门外是一阳台，台边靠一小木梯以供上下。阳台是休息、座谈、会客的地方。进入前门后，整个"船"视家庭人口多少分为若干节。人口越多，"船"身越长，节数越多。各节之间有的再设小门相通，有的则在"船"内一侧隔出小单间。进门第一节往往是全屋最宽敞的部分，屋顶设有顶棚，存放谷物及其他杂物家具。地面进门一边靠"船"壁放置长条形橱架以及水缸等，对面则放简陋的睡床，作为平日休息或招待客人之用。中间是灶火的位置。为了用火安全，有的在楼板上开一方形洞口，下面用木条顶着一块涂有泥巴的木板，三脚灶（用三块石头摆成品字形，上置炊器）就放在板上，板面略矮于楼面。有的则在楼板方形洞口内直接嵌入下达地面的土柱子，柱面略与楼面平，上置三脚灶。灶火整日不熄，除做饭外还供取暖照明之用。第二节是卧室，小隔间往往是未婚青年的卧室。"船"尾最末一节往往建一两间小隔间，供女青年居住，便于外村男青年从"船"尾处来访。

依照楼板距地表的高低，当地黎民又有"高栏"（即高脚船屋或高架船形屋）和"低栏"（即矮脚船形屋或低架船形屋）之分。"高栏"楼面距地表高度可达2米以上，楼下则饲养水牛之类的大型家畜。"低栏"距地表只有几十厘米，只能饲养家禽。从调查资料看，时代越早，高栏越多，或许早期全为"高栏"，如宋朝范成大《桂海虞衡志》称："居处架木两重，上以自居，下以畜牧。"赵汝适《诸番志·海南》亦称："屋宇以竹为棚，下居牲畜，人处其上。"这种下边可以饲养牲畜的船形屋显然是高脚船形屋。从有关记载中可以看出，至迟到了清代，已同时使用"低栏"即矮脚船形屋[1]。

地面式船形屋又叫"半船形屋"。与干栏式相比，除直接坐落于地面之外，其余结构形制几乎没有什么变化。

从文献记载中可以看出，直到清末，海南岛黎族大部分居住区仍流行干栏式船形屋。到20世纪30年代，干栏式船形屋已大为减少，只在白沙县境内有所保留[2]。到了50年代，即使在白沙县境内也只有最偏僻的南开乡（那时叫南溪乡）才能见到干栏式船形屋。当笔者于1994年前往南开乡调查时，整个南开乡再也找不到一座船形屋。听当地黎族老人讲，自20世纪60年代以后，干栏式船形屋就已彻底消失了。1991年笔者在昌江县和乐东县某些偏远山村还碰到过地面式船形屋，但其形制已发生一些变化，最突出的是在屋内已建造矮墙，不再是墙顶合一的传统结构了。从数量上观察，地面式船形屋很少，与之共存的金字形屋往往占据绝大多数，看来不久以后，地面式船形屋也将全部消失。

黎族船形屋由高到低、由多到少的变化并不是偶然的，与自然环境和人文环境变迁相适应。由于历史原因，黎族大部分居住

---

[1]　清·张庆长：《黎岐闻纪》云："黎内有高栏、低栏之名，以去地高下而名，无甚异也。"
[2]　（德）史图博：《海南岛民族志》，1937年。

在地广人稀的山区丘陵地带。在自然生态环境没有遭到严重破坏的情况下，黎村周围森林茂密，野草丛生，为建造费材颇多的干栏式住宅提供了充足的材源。同时，面对湿热多雨、虫兽肆虐的自然环境，居住在干栏式住宅内，可防潮去湿，躲避虫兽，有利于人畜安全。由于海南岛孤悬海外，特别是黎族又地处海南岛偏远山区，生产方式落后，在相当长的时期内，自然生态环境相对平衡，受汉族建筑影响也较少，因而干栏式船形屋便得以长期保存。自清代以来，随着大陆与海南岛联系日益密切以及海南岛自身的迅速发展，昔日的蛮荒之地加快了开化和文明的脚步。同时，自然生态环境日益遭到破坏，森林减少，草地荒芜，野兽逃遁。于是干栏式船形屋原有的优点渐渐丧失，缺点却日益显著，如费材多，采光差，人畜合住不卫生，容易发生火灾等。加上汉族建筑技术日益强烈的影响，居住者不断改进黎族传统住宅，导致干栏式船形屋由高栏到低栏、最终完全被汉族式的金字形屋所代替。

提起黎族船形屋，人们总爱提出这样一个问题：黎族为什么要把住宅建成船形？对此，有人认为："黎族的船形屋与岛民的船居生活历史有关"，"船形屋与船的使用或有关联"[1]。据笔者对海南岛各地黎族老人的调查，之所以把住宅建成船篷状的半圆形屋顶，大多数人的解释是为了抵御台风的袭击，并非与使用船只

---

[1] 黄敬刚：《海南岛古代黎、苗建筑的初步研究》，《东南文化》1990 年 5 期。

或船居生活历史有什么关系。另据文献记载，黎族干栏式建筑有时还盖成盆形，如范成大在《桂海虞衡志》称黎族"结茅为屋，状如覆盆，上为阑以居人，下畜牛豕"。清人吴应廉《安定县志》云："生黎……屋如覆盆，上为栏以居人，下畜牛豕。"如果说船形屋与船有关联的话，那么盆形屋是否与盆有关联呢？如此推测，显然不妥。

如果追问黎族船形屋之前的住宅是什么，晋人张华《博物志》称："南越巢居，北朔穴居，避寒暑也。"《北史·蛮僚传》云："依树积木，以居其上，名曰'干阑'。"《旧唐书·南平獠传》亦称："土气多瘴疠，山有毒草及沙虱、蝮蛇，人并楼居，登梯而上，号为'干栏'。"以上史料所谈的"巢居""干阑"泛指我国古代南部和西部百越民族所居的原始住宅，因此不能排除黎族最初也曾使用此类原始住宅的可能。1965 年在云南沧源崖画第 II 地点发现一组村落画面当中绘有干栏式房屋形象，其中有的呈覆盆状；在第 V 地点则绘有巢居画面。据研究，这里的崖画距今至少有四五百年的历史[1]，或许与前述文献所言"巢居""盆形屋"有相似之处。诚如此，也可做为复原黎族最早住宅形式的参考。

（原载《文物天地》1998 年 10 期）

---

[1]　云南省历史研究所调查组：《云南沧源崖画》，《文物》1996 年 2 期。

海上遇险记

海南调查结束后，在返回大陆的途中，发生了外国船只与我们乘坐的船只相撞的事件，为我们的海南民族调查划了一个不和谐的音符。不过，这件事让我看到了一个处变不惊、遇事不慌的李老师。

当时，我们取道南海，乘坐轮船沿水路返回大陆。海船出港口不久，我还半开玩笑地对老师讲，我们这次海南调查，差不多跑遍了海南岛，进行了对黎族、苗族的田野调查，达到了预期成就，也算是老天有眼，并没有让我们遇到太大的麻烦。反倒是黎苗热情，使人难以忘怀。

李老师面带微笑，没有立即回我的话。或许，李老师觉得，考察活动并未全部结束，因此还不到评价自己工作的时候罢。

我们俩乘坐的是轮船甲板之下的一层，这一层距波涛汹涌的海面很近。我们选了靠近船体一侧的地方，透过船窗，可以欣赏洁白的浪花在身旁翻卷。我后来索性躺在床铺上，时不时透过船窗，遥看远处的南海风景。

忽然，与我对面而坐的李老师大声喊道："哎呀，你看这船是怎么开的。不好，快下来。"

我急忙从上层床铺上爬起来，三下两下来到床下，与李老师一起透过船窗向外察看，只见一大块黑铁皮快速地朝我们的船只驶来。黑铁块移动的速度越来越快，最后像削尖了刃部的刺刀般直冲过来。

我没有察觉到危险，李老师却已发现险情，大吼一声："快闪开，对面的船头撞过来了。"说时迟那时快，"轰隆"一声巨响，对面船的船头就刺穿了我们乘坐的船。我刚才躺下的床铺一下子被撞成 V 型，人要是躺在床上，这下肯定被撞坏了身子。船舱里立刻炸开了锅，乱作一团。有人大喊："不好了，要沉船了。"死神仿佛一下子降临到每位乘客的头上。我极度地紧张，李老师也面色发白，他也一定很担心发生意外。但多年的野外调查生活，磨练出他遇事不慌的本领。据说，他以前在独龙江地区进行民族调查时，就曾三次化险为夷。

这次，他不顾自己的安危，首先帮我从座位下拉出救生衣，迅速解开扣子，一边帮我系扣子，一边说："越是到紧要关头，越要冷静，不要怕！"他的声音很轻，听起来很镇定。他还把我们调查的材料特意包在一个包裹里，说："即使我们牺牲了，材料要留下，对事业有帮助。"这都什么时候了，他老人家还想着保材料，在他眼里，真是事业比生命还宝贵啊。

船舱里一片慌乱，大家拥在一块。我们在甲板下面的一层，只有爬出舱门，来到甲板上才有脱险的可能。我们随着大队人马，前推后挤地到了舱门口，再顺着阶梯向上爬。

不知是谁喊了一声："不好了，沉船了，进水啦。"

接着就看见翻卷着浪花的水流从上边顺着阶梯"哗哗"往下流。看到水往船舱里灌，不少人以为海水流进了船内，大船马上要沉了。船舱里的哭喊声更大了。我们感觉似乎马上就要葬身鱼腹，回天乏术了。

就在这一刻，船里的喇叭突然响了："请大家不要惊慌，是我船携带的自来水设备破损，导致自来水流出，不是海水，不是海水，船体不会下沉，请大家不要惊慌，耐心等待救援，请大家不要惊慌，耐心等待救援。"听到这一消息，大家才慢慢地缓过神来，逐渐趋于安定。

这时李老师不慌不忙地对我说："不要害怕，没事的。你到甲板上转转，我在这里看着咱们的东西。"

看到李老师如此镇定，我的心这才停止砰砰乱跳。按照李老师的安排，我急忙向楼梯口奔去。

我看到顺梯而下的流水中混有血丝，心里一惊，小心翼翼地穿过楼梯，来到甲板上。距阶梯不远处横躺着一位死者，而血正是从他身上流出来的。听人们讲，他当时就在两船相撞的甲板上站着，万万想不到竟然有船朝他直撞过来，躲闪不及，他成了第一位死者。

我看到甲板上的人很少，我也不敢在甲板上久留，立即返回舱内。李老师在那等着我。

我回到李老师的身边，和他一起静观事态的变化，听从船员的指挥。最终我们安全地等到另外的船只前来接应，顺利渡过了难关，结束了海南岛民族调查，为这次的海南之行，划上了圆满的句号。

李老师处变不惊、遇事冷静的行事作风使我牢记在心，并为之赞叹不已！

伍
情系中原

转眼之间，我告别北大，回到洛阳，在洛阳皂角树、郑州西山等遗址继续从事考古学实践，认真钻研业务知识。个中滋味，难以言表。

难忘的皂角树

洛阳皂角树遗址位于洛河南岸，曾是二里头文化时期的一个小聚落。该遗址原本是配合基建项目的一个小型考古工作基地，但是后来却成为一个著名的遗址。

这是因为在此有小麦的颗粒等所谓"五谷"的重要发现，地层学大剖面的发现和刘东生、严文明、俞伟超等著名学者的亲临指导。所有这一切使洛阳环境考古工作有了明显的提升，洛阳皂角树遗址迅速成为一个令人瞩目的考古新发现。

记得当时我在一本杂志上，看到由考古所陈星灿、吴耀利先生执笔的一篇文章，介绍水选法能浮选出古代有用的植物标本。看到这篇文章，作为工地的负责人之一，我立即想到，浮选法应该用在皂角树遗址的发掘工作当中。

我立即把这一想法向工地发掘领队作了汇报，不想挨了一顿训斥，说工地上的正经活计还干不完呢，哪里有精力干别的。

此时，中国科学院地理与地球研究所的周昆叔先生正来洛阳，与洛阳市文物工作队联系召开第二届环境考古学大会。他一来到皂角树遗址，就注意到北边的遗址大断面。精神矍铄的周先生眯起眼睛，微笑着说，遗址的大体年代，除了耕土层及下边的扰土层之外，第三层土质一般，颜色浅黄，为汉代层；第四层颜色发暗，为周代层；第五层早于周代文化层，最下边的红色土是距今1万年左右的褐色顶层埋藏土。我对周先生的这个判断，极为赞同。他对我的一些想法也予以欣赏，特别对于我提出的要在个别灰坑中提取标本并带到渑池班村进行浮选的想法，表示完全赞同。

由于工地上的发掘领队并不支持我的这一想法，我便利用星期天休息的时间，和周昆叔先生一起前往渑池班村。听周先生讲，那里正聚集一批学者，联合开展各种各样的考古实验，其中就有用浮选仪来进行对考古工地出土的各类古代植物的提取。

我们俩到达班村时，天色已经暗了下来，来班村工作的人们已经下班。吃过晚饭，我们参加了班村的集体活动。原来是一名国外的学者打开笔记本电脑，与中国的同行们一起交流看法，互相提高。我被他们的敬业精神打动。心想，要是皂角树工地也能够像他们一样，该有多好啊。

第二天一上班，我们就迫不及待地来到浮选仪旁。这台浮选仪是临时定制的，它就像一个圆陀螺架在一个钢架上。上边的圆陀螺是1米高的圆形水桶，下边的架子叠放几层抽屉状的方筛子。我们先往圆陀螺里注满清水，再打开我带来的包裹，将其中的灰土倒入特制的漏斗状的浮选仪中。不久，一层灰不拉几的浮选物浮上水面，里面夹杂着若干黑色的植物颗粒。我们的实验引起了班村工作人员的注意，其中，站在一旁观察我们工作的袁静同志，率先大声喊起来："快来看哪，是小麦，真的是小麦!"听到袁静这么一嗓子，大家纷纷来到简易的浮选仪旁，啧啧声赞。

我们回到工地，向领队如实汇报了浮选出二里头文化时期的小麦等作物的好消息。领队也相当高兴，当场决定继续采集土样，开展浮选活动，使皂角树遗址获得了比二里头遗址更为齐全的实物资料。当时，浮选法尚未普及，皂角树遗址的这番举动引起了不小的连锁反应，再加上周昆叔先生的努力，不少学者开始期许，继皂角树遗址出现"五谷丰登"的局面，二里头遗址也应有相应的收获。

经过与洛阳市文物工作队积极协商之后，周昆叔先生决定邀请中国科学院的刘东生先生、北京大学的严文明先生和中国历史博物馆的俞伟超先生等来洛阳观摩指导工作。我作为现场工作人员之一，亲自向先生们介绍发掘情况，并陪同他们参观皂角树遗址浮选物，其间不断得到先生们的肯定。那一年，我不到30岁，就有幸碰到皂角树遗址，有幸遇到一大批学术界精英。皂角树遗址不仅是我最早接触到的二里头文化遗址，也是我最难忘的。

　　工地参观之后，洛阳文物工作队还派我专门陪同刘东升先生到洛阳龙门石窟参观。刘先生时不时俯下身去，打开手中的日记本，认认真真地记录些什么，同时，连声称赞，龙门石窟雕刻得实在优美至极。他谦逊、认真的工作态度给我留下了极其深刻的印象。在我看来，龙门石窟有许多缺胳膊少腿的造像，简直是惨不忍睹。万万没有想到，在刘老先生的眼里，这些都不算什么，一点也不减龙门石窟的伟大！相比之下，我们倒是低看了龙门石窟的价值，这不正是我们需要改正的吗？

洛阳皂角树遗址

中原最早的城址
——郑州西山城址发掘记

．
．
．
．

郑州西山遗址属于仰韶文化晚期遗址，该遗址的闪光点，是在这里率先发现了史前城址！而城墙的首先发现者，正是我们国家文物局第八期领队培训班的学员。

1991 年，我结束了在北大的研究生班学习，回到洛阳市文物工作队，在洛阳继续配合基本建设搞考古。这一工作量之大，往往让人脚不沾地。虽说我也遇到过不少重大考古发掘项目，可是距离熟练掌握田野考古本领的目标，一直相差甚远。1994 年，国家文物局在郑州西山遗址举办第八届国家田野考古领队培训班，这无疑是最好的学习机会，如果能到领队班学习，那是求之不得的！

我向洛阳市文物工作队的领导说明了我的想法，得到了领导们的大力支持。不想此时已经错过了领队班报名日期。因而第八届培训班开学的那一天，洛阳市文物工作队的领导带着我直接来到培训班，开后门让我搭上了最后一班车。

　　在郑州西山领队班的开学典礼仪式上，黄景略、张忠培、安金槐等先生都做了讲话。安先生不改河南乡音，他富有深情地说，考古队长一职不好干，既要完成上面交代的发掘任务，又要完成科研任务。张忠培先生则明确地指出，国家文物局田野考古领队培训班已经持续开办到至今的第八届，总结以往的办学经验，不能说没有成果，但是，学员当中缺乏领军人物，这是领队班今后需要改进的地方。

　　我进入培训班的初衷是在这里系统学习业务知识，苦练发掘水平，将来更好地从事田野工作。经过近一年的学习，我的目标基本实现了。

　　我成为张忠培先生经常找来聊天的对象。他把自己的人生历练无私地讲给我听；他在探方发掘结束时，故意在我负责的探方内，说出错误的意见让我来纠正；他在培训班结业时，专门提出要单独考核我，拣一提篮陶片让我辨认；他甚至主动暗示我考他的博士研究生。对于张先生的期许，我内心非常感激。

　　我结识了中国考古学界一批矢志于干好考古事业的铁哥儿们，他们在领队班里已崭露头角。与我接邻的探方里率先发现了

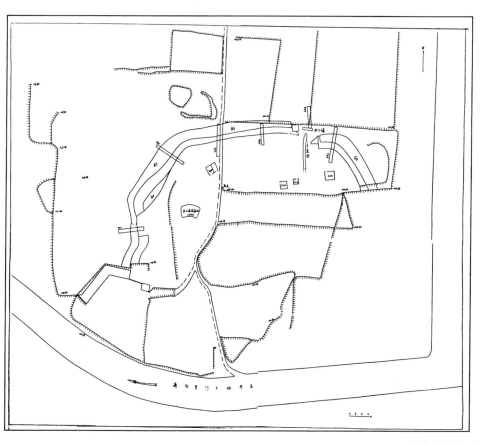

西山城址平面图

西山城址之城壕

西山遗址仰韶文化晚期的城墙，他们把这一重大发现报告给辅导员，在辅导员的指导下，辨认哪些是城墙夯土，哪些是城墙内外的文化层，专心致志地做好发掘工作。西山发现了中原地区最早的史前城址，这可是西山考古最大的收获。

我们在这里，结合工作实际，努力学习中国考古学的理论知识与发掘技术。我曾经与任课老师进行激烈辩论，与同班学员共同探讨探方内的遗迹现象，与默默无闻、和我们一道工作的西山村农民同胞们同甘苦、共患难。想到郑州西山遗址就想到了他们，我的田野考古的老师们、战友们、同志们。

西山田野考古领队培训班像过去一样，有许多常人难以忍受的规矩：不准请假，不准饮酒，不准看电影，不准谈恋爱……近乎于严苛的要求，让人喘不过气来。事隔多年，我们才理解老师们的良苦用心。干考古，必须牺牲个人的爱好，必须具有坚定做好考古工作的坚强意志！

斗转星移，我们在西山班的学习很快结束了。我们的发掘本领增强了，整理水平提高了，相互间的友谊加强了。我们从西山领队班结束学习之后，各自奔赴新的工作岗位。西山给了我们干好考古工作的磨练机会！我们是国家文物局第八届领队班学员，这一光荣身份，给我们平添许多勇气！

我在这里还认识了一大批田野考古的实践者。他们在领队班的学习结束后不久，在自己从事的考古岗位上，做出了一件件脚踏实地的实事。他们当中有东北红山文化牛河梁遗址的发掘者、内蒙古哈民遗址的发掘者、山西霸国墓葬的发掘者、河南三门峡庙底沟遗址的发掘者等等。还有来自吉林、陕西、宁夏、甘肃等地的学者，他们都在自己的岗位上，作出了自己的贡献。他们当中，不少人已经担任省、市级文物考古岗位的负责人，成为中国考古学界的风流人物。

我不能不提我们的辅导员之一、山东考古研究所的郑笑梅先生，她勤勤恳恳地对待自己的本职工作，认认真真地完成教学任务。她在辅导学员上花费了大量精力，赢得了同学们发自内心的尊重。可惜，天不假年，无情的疾病夺走了她的生命，但是我们永远忘不了她。

今天，郑州西山遗址已经被保护起来，在遗址的边上建有河南省文物考古研究院西山工作站，一批又一批年轻的考古工作者来这里工作、学习。我们作为第八届考古领队班的学员，在这曾经工作过、战斗过，看到年轻的同志们，一样地意气风发、斗志昂扬，心里无比高兴！

初进新砦村

1999年深秋的某一天，阳光灿烂，秋风送爽。时任北大考古系系主任、我的博士后合作导师之一，李伯谦先生把我叫到他的办公室，递给我2万元钞票，对我说："给你两万块钱，你带领一位硕士生武家璧，前往河南新密新砦遗址，看看那里究竟有没有新砦期遗存。"

1999年初秋，我博士毕业之际，争取到了留校做博士后的机会。关于博士后的出站报告，我原本想继续跟随博士生导师严文明先生，从事"中原地区的古代文明化过程"研究。可是，另一名合作导师、时任北大考古系主任的李伯谦先生却力主我去河南新密新砦遗址搞一次扎扎实实地实地发掘，考察当时学术界争吵得沸沸扬扬的热门话题——在龙山时代和二里头时代之间究竟有没有"新砦期"。

于是，我背起行囊，来到新砦，用手铲验证假说。从那时算起，一干就是十几年，新密新砦成为我学术研究的又一主战场。如果没有李老师的坚持，我的治学道路或许就是另外一条路线。如今，如果说在夏文化探索方面我还有一点点发言权的话，不能不感激李老师耳提面命地指教了。

武家璧是李老师新招收的硕士研究生，年龄跟我差不多，我们一起出发，坐火车来到郑州和新密，带上郑州市文物考古研究所新分配的大学生顾万发和密县博物馆馆长，一起驱车前往新密市刘寨镇。刘寨镇派一名文化干事带领我们去见新砦村的村支书张宝财同志。张支书那时有 50 来岁，满面红光，身板硬朗，说话粗声大气，为人爽快，凡是乡镇领导交办的事务，二话不说，一律照办，绝不含糊。

搞田野考古，有一条不成文的潜规则，就是所谓"喝酒看做活"，意思是，如果酒风不好，工作也一样。初次见面，张支书设饭局招待我们。我明明知道自己不胜酒力，也不得不硬着头皮一通猛灌。饭局设在当地的一家小酒馆里，村支书率领村委一帮人，来给我们四人接风。交杯换盏、你来我往，不一会儿，我们几个就有点招架不住了。

我看到村支书喝到二八板上，乘着酒兴，向支书提出关于当地民工费的日工资标准和土地赔偿问题。"酒桌上不谈工作，酒桌上不谈工作，喝酒喝酒"，村主任连声吆喝。"刚才，张支书喝过了，这次我先喝为敬，我也先干了"，他一仰脖，一大茶杯酒干了下去，好像喝白开水一样，一点反应都没有。村长把喝干的茶杯倒过来，伸到我面前，意思是他喝干净了，该我了。我哪有这样一杯接一杯地拿白酒当白水喝过，所以请求等一等。身材魁梧的黑脸村长站在我对面，不肯落座。"那不行，你不喝我就不坐。""喝吧，喝吧，村长都喝罢了"，一帮村干部起哄。我晕晕乎乎地端起茶杯，一仰脖也喝了个干干净净，一杯酒下肚，只觉得浑身冒汗，眼睛发直。"好好，够朋友，中中"，众人喝彩。"支书、村长都喝罢了，该我敬大家了"，身材黑瘦、不住咳嗽的治保主任起身端酒，说着话朝我走来，我晃晃悠悠地起身，试图按住他的手，让他把酒杯放桌上。"你等等，稍微等等，大家都吃口菜再喝不迟嘛。"治保主任模仿村长的动作，一口气把一茶杯酒喝了下去，逼着我喝第三杯。我喝下这杯酒，实在支撑不住，当场出酒。我闭上眼睛，趴在酒桌上，耳边只听见有人夸我："中，中，我看姓赵的够意思，小武，民工费好商量。挖掘当中，有啥事，只管打招呼。"这次见面，最终以我喝得酩酊大醉宣告结束。

　　万事开头难。有了良好的开端，我们接下来的工作，还当真相当顺利。

过了几日，待到我们在遗址所在梁家台东台地放好探方线，准备开挖时，忽然从村子里闯来七八个大汉，气势汹汹地来到探方边上，大声叫骂，说是发掘的探方距他们的老祖坟太近，挖了会破坏他们家的风水，因此必须停工，谁也不能再动一掀土。整个工地被迫停工。

我来到村委，请求村支书解决此事。浓眉大眼的张支书红着脸说："你说的是张狗家那几个兄弟吧？通知他们到村委来。"

张家兄弟接到通知后，不一会儿就来到村委会议室。张支书稳坐在会议主席台中间的一把宽大的座椅上，直视着他们，厉声问道："咋着哩，你们挡着考古队不让干活。"

张家兄弟你看看我，我看看你，其中一个壮着胆说："他们挖得离我家的祖坟太近。"

"挖着祖坟没？"

"那倒没有。"

"没有，你们挡啥哩？"

"距祖坟太近，会动了风水。"

"你们回去吧，不能阻挡考古队工作。"

"你说回去就回去了，出了事咋说？"张家老大说。

"能出啥事？出事我负责。"支书答道。

张家兄弟没话说了，还赖着不走。

张支书下了逐客令："还有别的事没有？没有的话，你们回

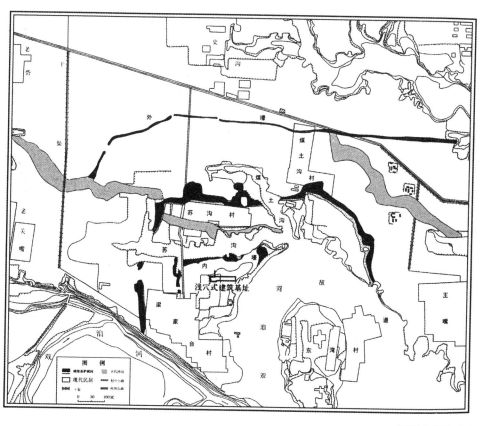

新砦城址平面图

正视　　　　　　　　　　　　　　　　上视

新砦陶猪首形器盖

去吧。"

　　刚才还气势汹汹的大汉们，个个像泄了气的皮球，没精打采地返回家去了。考古工地可以照常开展了。

　　在新砦遗址发掘过程当中遇到的此类事情还很多，不能一一道来。总之，新砦村有个张宝财，算是考古队的福气。听说年近古稀的张宝财最近又被选为新砦大队党支部书记，我从心里为他高兴，在此遥祝他身体健康，事事顺意！

新砦期论证的纠葛

时下，搞中国商周考古有些名气的学者，《国家博物馆馆刊》的编辑李维明先生算是一位。他是北京大学邹衡先生的高足，专门写了《邹衡》一书，深得邹衡先生本人及同门师兄弟们的看重。他的过人之处在于首次辨认出了乇字，为郑亳说增添了一条文字证据，引起了日本学界的关注。

我和维明有幸大学同窗四年。刚入校时，他代表年龄最大（24周岁）的同学发言，我代表年龄最小（16周岁）的同学发言。后来我俩先后从洛阳文物机构考入北京大学考古系念硕士研究生和博士研究生。不过，维明师从邹衡先生研习夏商周考古，我跟随李仰松、严文明先生主攻史前考古，后来做博士后时，又在李伯谦先生的指导下，通过新砦遗址研习夏代考古。按照研习夏代考古的时间先后而言，维明在前，是名副其实的兄长了。

维明最近出版了他的个人论文集——《郑州青铜文化研究》。其中，第一部分的很大篇幅便是新砦期论证。这场论证的参加者，按照维明的划分，实有两方：维明自己为一方，我、顾万发和方酉生先生为另一方。论证起自维明在《中国文物报》发表的一篇文章。该文拿分别发表于北大古代文明研究中心上的稿件与《华夏考古》上的稿件，互相比对，找到一些不完全相符的地方，指责新砦期的论证不够严谨。我们作为简报的执笔人，对此指责做了解释。想不到引来维明的怒火，公开著文指责我们避重就轻、文过饰非、自以为是、敷衍塞责，把我们骂了个狗血喷头。事至此，我感觉已经渗入了过多的感情色彩，不惟学术讨论了，于是，我主动退出这场争讼，专心搞新砦聚落研究去了。

我这种态度并不代表我认输了，而是不想与维明这样"讨论"下去。同窗师友，我不再诉诸笔伐，却不止一次地当面对他讲："当你指责我这个研究不行时，我已经在干新的工作，取得新的成果；当你跟进指责我新的成果不行时，我干了更新的工作，取得更新的成果。最终，你指责了我一辈子，我干了一辈子。因为，我认为人生苦短，埋头干活比指责别人更有意义。"

我抱着这样的态度，不再与维明争锋。不想维明仍不肯平息怒火，看到有人鸣不平，就把矛头接连指向了顾万发、方酉生等人，而且，在我看来，文中许多言辞已经超出了正常的学术讨论，有些人身攻击的嫌疑了。这些"讨论"文章的火药味更浓，学术讨论的味道反而很淡。有时，我直截了当地劝老同学："你这样对待同窗和晚辈也就罢了，这样对待老先生是不是太过分了？"

如今，方酉生先生已经过世了，维明把这些刺伤人的文章再次集中起来公开发表，不能不令人替已经作古的方老先生鸣不平。方先生已经躺下，不会再说些什么了，我们仍然健在者做人要厚道啊。

新砦浅穴式大型建筑俯瞰

陆
走出国门

发展中的中国考古学的另一特征是日益
走出国门。在此过程中，我分别于
2002 年和 2008 年赴俄罗斯远东地区和朝
鲜半岛进行学术访问。其中，在韩国学术
访问期间，创刊《新亚洲论坛》杂志，用
来刊载相关学术研究文章。

密 林 考 古

——俄罗斯远东沿海地区考古生活侧记

2002 年秋季，我们中国社科院考古所一行 5 人，受邀来到俄罗斯远东地区进行考古调查和发掘，其中，与俄方考古学家共同奋战在考古第一线的境外考古经历，久久萦怀于心。记得那是在 2002 年 9 月 18 日上午，在工地吃罢早饭，我们与谢德盖依一起来到红湖城（地名，因湖内含有大量铁的成分而呈红色）。谢德盖依一身戎装，俨然一名战士。杰亚克娃（俄罗斯远东考古学家）雇佣的司机瓦罗嘉开的是铁桶般坚固的可以睡人的大型军用汽车，他本人原本是一名战士，且有 30 年的驾龄。杰亚克娃此前告诉我们，今天的道路将会十分颠簸，且汽车要穿过三条河才能到达目的地。像往常一样，她仍以轻松愉快的口吻说，上路之后，要看河水有多深，如果河水太深，汽车实在无法过河，同志们就只有涉水前行了。杰亚克娃今天未陪我们出行，而是留在营地给我们准备午餐。

杰亚克娃的话没有夸张，从库娜列依斯托克到红湖城的路程出乎想象的艰难。途中不仅要穿过大片草比人高的荒草地，还要穿过三道水流湍急的河流。这里人烟稀少，所谓"道路"，实际上是轧在草地上的车辙而已，而且到处是水坑。汽车像喝醉了酒的醉汉，摇晃，颠簸，几乎要翻个对过儿，我们坐在车厢里，上下左右地摇摆不停，全身快散架了。窗外树枝吱吱嘎嘎地划窗而过。坐在驾驶室内的司机瓦罗嘉紧握方向盘，全神贯注。谢德盖依坐在副驾驶座上，像机警的猎犬，聚精会神地注视前方。由于荒草太深，遮挡了视线，连谢德盖依和瓦罗嘉也迷失了方向，在穿越第二道河流时，走错了路。大约晃荡了近一个小时，汽车好容易停了下来。谢德盖依告诉我们，我们今天要调查的城址还在前面，不过前面将进入沼泽地带，汽车已经无法继续行驶。要么绕道，要么淌水穿越沼泽，直奔城址。听到谢德盖依稍带轻视的话，全体一致同意穿越沼泽。

沼泽地上生长着枯黄的衰草。草墩子毛茸茸地冒出地面，草间的泥水黑乎乎的，深不可测。9月份的天稍带凉意。为了防止水蛇类的叮咬，我们只能穿鞋蹚水前行。深一脚浅一脚地走在沼泽地里，裤子和鞋子灌满了泥浆。刚走出沼泽，即又钻入蓬蒿丛中。密密匝匝的杂草一人多高，行进时需两手左右拨开芦苇。谢德盖依常年在这种环境中工作，像机敏的猎豹，游刃有余地穿行于此。

我们终于来到了红湖城。原来这是一座面积不大的长方形古城，坐落在红湖岸边不远处的沼泽地里。俄方考古学家解剖城墙得知，城墙为夯土建筑，夯层很薄，外坡夹杂较多的石头，以防洪水。城墙底宽约 6.5 米，残高约 1.5 米。城内发掘出靺鞨—滨海时期的地穴式房址。我们这次调查，还在其中的一座房址中，拣到了一个典型的靺鞨罐口沿。

谢德盖依建议我们一部分人测绘城址平面图，再有一两个人爬到红湖城对面的山坡上俯瞰红湖城并拍照。我自告奋勇，与人高马大的肖怀雁同志去爬山。说实在话，看到对面的山坡布满荆棘，想起杰亚克娃曾说以前调查时就在这样的山包上遭遇过老虎和毒蛇，心中难免发怵。我们硬着头皮爬山。海参崴山地的植被实在是太好了，漫山遍野的树木使每一座山岭都披上了绿装。山坡被散落的树叶、朽木和散发着清香的野草厚厚地覆盖着，以至于让人无从下脚。由于树林太密，看不到很远，更给人一种猛兽即便在你身边你也不会发现的恐怖感。好在夏季已经过去。据说夏天，这里的毒蛇特别多，它们或盘踞在头顶的树枝上，或潜伏在脚下的草丛中，随时随地都有可能伤人。

我们顾不了这些个，披荆斩棘地攀援上升，直到爬到山顶。山顶风景果然不错。蔚蓝色的大海像横挂在天边上的一条蓝带，海岸左近的湖泊安安静静地躺在金灿灿的阳光下，宛如一面明镜。高远晴朗的天空中低垂着朵朵白云，白云下是宽阔平展的草原。从山顶向下俯瞰，古城的四面城墙凸显出来，设在墙中部的城门也清晰可见。我们顺利完成了拍摄任务。

　　俄罗斯人不仅拼命工作，也会忙里偷闲。完成测绘工作之后，谢德盖依率领大家，驱车前往海边。海水清澈见底，浪花洁白如雪，沙滩细软如泥。伫立在海水里任浪花飞溅，听大海咆哮，赏海燕飞翔，我们完全陶醉在工作之后的满足与喜悦之中。

我与俄罗斯女考古学家的合影

《新亚洲论坛》创刊记

　　我们班发起的《新亚洲论坛》创刊号终于搞定了！我今天独闯首尔出版社，找到了出版社的社长（他不会讲中文，但可以听懂我烂得不行的韩语）。他承诺，在我们回国之前的 8 月 17 号，把《新亚洲论坛》（系正式出版物），送到韩国高等教育财团！

　　时间过得好快啊。回想初步酝酿《新亚洲论坛》，到今天见到首尔出版社的社长，似乎只有几天，实际上已经近 10 个月！其间的酸甜苦辣，憋在心里很难受，还是说出来吧。

　　大家还记得我们初次来韩国办理外国人登录证的那天吧。在从出入境管理局回家的途中（2007 年 9 月 6 号），我和罗安宪、周贵华、秦瑞亭几位，在哐嘟哐嘟的地铁轰鸣中，不知怎的就聊到我们如果能够帮助财团创办一个杂志，也不虚韩国之行了！大家你一言我一语地交谈着。老周说，这是最有意义的事。秦老师也讲，应该办起来。高个子的罗老师，戴着眼镜，眼睛一闪一闪地不时看我一眼，却也认为这是个不错的主意。

过了几天（9月17号），我去出入境管理局给大家领《登录证》，碰到了赵行姝。她夸我有抱负，尤其这个办刊物的设想，乃神来之笔。她一脸认真地说："一定要给刊物取个有冲击力的名字！"嗯，冲击力的名字，我说，我笨，你想吧。那天她也没把这个名字给冲击出来。

接下来，大家逐渐进入了安静的客居韩国的生活状态之中，一切以适应韩国生活为主旋律。大家似乎都很忙，渐渐地没有人有闲心再来关心办刊物的事。知识分子就这样，一阵儿一阵儿的，我不也经常这样吗？尤其是博士或博士后，不"异常"反倒是异常的，嘿嘿。

直到10月14日，韩华学会的会长来高教财团，和大家初次见面。那是大家来韩国后第一次较大规模的聚会（约22人）。似乎，过了一阵子不怎么来往的日子之后，一下子看到这么多同伴，大家心里都有些说不出的喜悦。"哦，你就是某某啊，今天才对上号！"散会后，大家不想匆忙地离开。该吃午饭了，韩华学会的会长起身告辞，有些老师也跟着他往外走。这时，颇有学者模样（周贵华语）的罗安宪老师站了出来，他挥着手说："大家好不容易聚到一块，是不是大家再坐一坐？"于是，大家规规矩矩地继续坐了下来。我这个先前被一小撮"坏分子"（如沈顺福等）起哄出来的临时"班长"，顺着罗老师的思路，建议成立班委会，意在早日归隐山林，再找个像我这样的傻帽接替我这个傻帽。"嗯，的确应该成立班委会。"罗老师掷地有声地说。于是，有人喊道，李雪欣老师的歌唱得像李谷一似的，她可以出任文艺部长。这把我给镇住了，女博士兼歌唱家？虽然我那时一次也没听她唱过，就顺应民意把当时不在场的李谷一的"妹妹"封为了"文艺部长"。张涛甫老师，不知怎的，那么招人喜爱，一看就是搞宣传的料，听说他是搞新闻的，我当场就封他为新闻部长（后改称"宣传部长"）。为了方便吃午饭，必须选一位能收钱的财务部长，这个财务部长可不是财神爷，而是马上就得向大家要钱。郑璇玉老师推荐樊亚东老师，说，别看樊老师来得晚了10天，可是她细心，人又好得没法说，财务部长应该请她来干。嗯，于是，大家不顾樊老师本人的反对，就把她按在了"财务部长"的位置上了（主啊，哪天她能当真正的财神爷该多好，哪怕是个处级也行）。还有，一会儿得有人带我们到韩国餐馆吃饭呀，于是，外交部长就非朝鲜族的李玉珍老师莫属了。接着，有人推举时常给大家发伊妹儿的刘东国就任副班长，学者模样的罗安宪当学术部长。这样，临时凑起来的2007—2008赴韩学者班委会，在一片嘻嘻哈哈声中成立了！看着眼前的热烈场面，我咋就想起了现代样板戏《沙家浜》的某一唱段呢？

那次，韩华学会会长来访的意图之一，是让大家给《韩华学刊》投稿子。而我的野心是我们自己办个新刊物！我在大家"再坐坐"的当儿，提出要办杂志，办那个有"冲击力"的杂志。我再笨也知道，办杂志可不是件简单的事，必须有几个臭皮匠，才可能唱一出皮影戏。就在各路诸侯封官晋爵之后，我接着问在座的大家，谁愿意参与干杂志的活计？这个事当时八字没半撇，整个一瞎想而已。令我感动的是，和颜悦色的杨艳秋女士立即举起她的小手，抢着说："我，我，我愿意！"我感激地看了她一眼，故作镇静地往下问："一个不够，还有谁愿意？"让我想不到的是罗安宪老师，他微红着脸，呼哧呼哧地说："如果人手不够的话，我也愿意参与此事。"我感激地看了他一眼，继续往下问："两个人不够，加上我3个人也不够，还有谁愿意？"很遗憾，这次没有出现第三个让我感激的人。我虽然继续故作镇定地坐着，内心却对自己笑道："办杂志？没事儿吃饱了撑的吧？哪那么容易啊？"我不敢往下想了，就急急忙忙说："快饿死了，外交部长李玉珍同志，快带我们吃午饭去吧！"于是，众人朝食堂呼啸而去。

可是，办杂志的事，时不时地浮上心头。2007年12月14日，我斗胆召开了第一次班委会，会上我嚷嚷着我们要开学术讨论会。此外，我们还要在近期向财团提出办杂志。不想当场就遭遇到不同意见。反对者认为，这有谱吗？如果结果是既没稿费，又不能办成正式刊物，岂不瞎耽误大家的工夫？因此，必须先向财团问清楚，能不能解决这两个问题。赞同者说，要什么稿费？可别因为几个小钱，让韩国人瞧不起我们。我们待着也是待着，能办成个集子，不是正式出版物也无妨啊。两派谁也说服不了谁。我出来和稀泥："这样吧，各随其便吧。"

赵行姝支持办杂志的想法没变。开完班委会，她跟我一起去见韩国高教财团的金京美小姐。赵行姝风风火火地对一脸茫然的金小姐说："我们要开会，我们要办杂志。杂志的名字都想好了，就叫《新亚洲论坛》，学术会的题目跟着叫'新亚洲论坛'。"赵行姝的语速快得连我都得竖着耳朵专心听才行。坐在一边的金小姐眼睛睁得大大地，似乎没有完全明白我们在说什么。她只关心我们要召开的讨论会，压根儿没接办杂志的话茬。她微笑着请赵行姝写下英文"新亚洲论坛"几个字。赵几乎是一秒挥笔写就，扬长而去！哇！她本人倒是挺有"冲击力"的。

又是过了好一阵子，其间好几次，我问杨艳秋："有几个人投稿了？"

她每次都笑嘻嘻地回说："不少不少，都四篇了。"

才四篇！

"都有谁？"我问。

她答："第一个就是赵行姝啊，她把第一次讲演的内容投我这了。"

再过一阵子，我又问："有几个人投稿了？"

杨依旧笑嘻嘻地说："不少不少，都四篇了。"

我耐着性子，让她向别人催稿。她回信曰："吾兄稍安勿躁，我辈当中不乏愿做事且能做事之人也！"

一群乌合之众！不急，不急，有你急的时候。我对着天空一阵狂喊。

你们不急，我何必着急？你们忙，我何曾不忙？你们能够独立于世，我何尝不能？你们能忍，我也能忍！我不比任何人闲，我每周二、五到财团学韩语，周一、四到汉阳大学自费学英语。我每天只睡 6 个小时，从来不睡懒觉，也不睡午觉。我几乎天天与韩国人在一起，聋子哑巴似地发狠学韩语和英语。此外，崇实大学和成均馆大学请我讲课，庆州考古研究所邀我写文章。这年头我们谁个不是忙得像陀螺似的？李雪欣老师说得好："我们都是马不扬鞭自奋蹄啊。"来韩国之后我都忙瘦了，还非得办这个破杂志不可呀？要不算了吧。

一转眼，春节到了。我和几个大博士到首尔过了别有风味的洋年。王建军博士提上一大壶 10 斤装的二锅头，不知道的还以为他是卖酒的呢！刘东国博士提来好几瓶啤酒，我带来一堆白干，大家应邀来到首尔张仕平博士豪宅。在张仕平博士设下的丰盛的酒桌上，大家觥筹交错，笑谈不止，我们甚至没顾得上看旁侧的春晚，赵本山演的啥都不知道，只看到他和宋丹丹在屏幕上晃来晃去，却一句也没听清楚。我们的声音，盖过春晚，飞出张宅，穿越首尔山，直冲云霄。几杯酒下肚，我莫名其妙地又扯到办杂志上来了。元永浩元老大语重心长地说："办杂志，你哪来固定的编辑队伍啊？没有固定编辑队伍的杂志，你见过吗？"

老大就是老大，这个敦实得像港台片黑社会老大的元教授果然厉害！早说啊！"罢罢罢！喝酒喝酒。"

老王把白酒当白开水喝，不一会儿把"聪明绝顶"的脑袋斜放在了香喷喷的饭桌边上了。我拉他起身的时候，他身上浓浓的酒味熏得我胃液也直往上翻。

不一会儿，他醉得什么都不知道了。我也因胃里各种酒而一趟一趟地往洗手间跑。大年除夕，我们几个博士醉卧首尔，也算是首尔的一景吧。

醉后，四个大博士横七竖八地躺在苏树华博士房间的地板上。乘着酒兴，我和苏博士彻

新亚洲论坛创刊号

夜长谈。睡意惺忪的王博和刘博，偶尔会抬抬头，迷迷糊糊地问我们："你们还在聊啊？不困啊？"我们容他俩插几句嘴，知道他们撑不了几分钟准会再次呼呼大睡，我们做人还得厚道不是？

我和苏博前半夜谈哲学，谈人生，谈修行和为人，谈佛祖和孔圣人，谈做人要学会淡泊，学会"去"和"放"；后半夜谈女人，谈名利场，谈中国文人的德性，时而兴高采烈，时而暗自神伤，时而无可奈何，时而激烈争执！

酒，能打开沉默人的话匣子！酒，能使凡夫俗子飘飘欲仙！

"办杂志？谁想办杂志？我？笑话！《新亚洲论坛》，拜拜吧您哪——"那一夜，我听到自己对自己说。

第二天一大早，我就起身投入到火热的异国他乡生活之中。经过近一年的折腾，在我们即将归国之时，终于拿到了散发着墨香的《新亚洲论坛》创刊号，作为我们韩国之行的纪念。

柒
文明之火

文明之火，照耀中国，而火种是从史前时代点燃的。参加工作以后，我利用工作之便，走访国内若干著名的考古遗址，如陶寺、二里头、凌家滩、城头山等，试图触摸中国历史跳动的脉搏，揭示中国文明滋生的过程。

"西山热"后细思量

河南郑州西山遗址在考古调查中，早就被当地考古工作者发现了，不过谁也没有想到，在黄河之滨、邙山脚下这么一个看起来毫不起眼的遗址中，考古领队训练班能够率先发现仰韶文化时期的夯土城墙。1994年，国家文物局举办的全国考古领队第八期训练班就选在郑州西山遗址。训练班的本意是对田野考古领队进行业务培训，不想却抱了个大金娃娃——首次发掘出仰韶文化城址，一下子把中国史前城址的年代从龙山时代提前到仰韶时代。一时间，黄河岸边的郑州西山仰韶城址，以中国最早的史前城址而扬名天下。

我是很幸运的。作为第八期考古领队训练班的学员之一，我亲眼目睹了西山城墙被发掘、被确认。我记得我们那期学员当中，只有个别同学的探方被无意间布到了城墙上。我负责的探方距有城墙的探方不远，隔几天总要抽空到那里观摩一下城墙的发掘进展。指导老师郑笑梅、张玉石先生等，多次给发掘城墙的学员开小灶，不时地在那里边发掘边讨论，力求把城墙的结构和夯筑方法搞明白。我清楚地记得，张玉石先生手持小铲在城墙上刮来刮去，与学员们商量着，能不能把西山城墙的建筑方法叫做"小板块夯筑法"。

从西山考古领队训练班结业之后，随着西山仰韶文化城墙逐渐被确认，相关的报道和讨论文章一时间风行全国。其中，关于西山仰韶文化城址的功能与性质的讨论最为热烈。我觉得在讨论这一问题时，必须首先注意到西山城址以下几个特点：

1. 西山城址是为了防御异族入侵而修筑城墙的，并非单纯地为了防止水患。西山城址除了南边被枯河冲毁之外，其他三面没有河流相伴，在这里修筑城墙显然并非防御洪水之用。

2. 如果与时代相同、地域相邻的郑州大河村遗址相比，西山遗址显然属于低一个层次的聚落遗址。大河村的面积为40多万平方米，西山只有3.45万平方米。前者比后者大10倍多。大河村有四间的大型房屋，而西山遗址最大的房屋是双开间。大河村出土许多优美的彩陶，而西山彩陶的质量大多在大河村之下。可见西山城址不是一个中心聚落，而是一处带有防御性质的小型城堡。因此，在判断西山城址的性质时，就不能把它视为一方政治中心。

3. 西山的筑城方法采用所谓"小板块夯筑法"，其技术之先进令人惊叹，以至于到了龙山文化时期，新密古城寨龙山文化城墙上仍然照搬这种筑城方法，在陶寺城址也发现有类似的筑墙方法。可是，奇怪的是，这一传统却未能在王城岗、新砦和二里头文化的大师姑城址中得到传承。新砦城址和大师姑城址都采用长江流域常见的堆筑法，即后期修补城墙时，在早期护城河（很可能已经被淤塞严重）上面继续堆土扩建，使城墙的外侧护坡呈现倾斜状，不见西山和古城寨那样工整的小方块夯筑方法。这种现象究竟说明了什么样的史前文化背景，引人深思。

西山仰韶城墙如此先进的筑城方法暗示出，它不会是中原史前城址的最早形态，换言之，中原地区一定会有比西山更早的城墙。过去，俞伟超先生曾断言，中国在前仰韶时代就应该出现了城墙。我们目前还不能拿出第一手资料论证这一大胆的推测，但是，西山仰韶文化城墙的发现无疑打开了中原地区仰韶时代史前城址的一角，更早更宏伟的城墙有待今后的新发现。

如果说广袤的中原大地在仰韶文化时期只有西山城址一花独放，那么，到了龙山时代，大小不一的龙山城址如雨后春笋般大量涌现。目前，仅在豫中及其附近地区就发现了登封王城岗、新密古城寨和新砦、平顶山蒲城店、辉县孟庄、淮阳平粮台、郾城郝家台等七座龙山文化城址，其中，王城岗、新砦和古城寨三处城址相距不远，其分布密度甚至超过了当今县级城市的密度。如此密集的史前城址，当然不会个个都是传说中的某某帝都之所在。我们在研究这些城址时，首先要搞清楚城墙的始建年代、使用年代和废弃年代，对这些城址的时间先后进行排序，再结合城址内出土遗迹和遗物的特点，对城址的性质和功能作出判断。拿新发现的新密市古城寨来讲，古城寨城址出土的石器很少（据发掘主持人蔡全法先生相告），相反却出土了大量的类似坩埚一样的容器，那么，这是否说明古城寨是一处以加工铜器为主要功能的城址呢？

目前，西山城址热似乎有所降温，但是，它留给人们的诸多思考将激发着更多的考古工作者进一步追溯中原和中国城址的起源，这才是西山城址学术意义之所在。

（原载《中国文物报》2006年5月3日第3版）

陶寺城外看日出

我和陶寺城址发掘主持人何努先生一道，在郑州学术会议的最后一天，未参加闭幕式就匆匆忙忙踏上赶往陶寺的路程。裸露在田野里达数年之久的陶寺"观象台"就要回填了，我要赶在回填之前，一睹观象台的风采。

最近几年，陶寺遗址的田野工作不断取得显著进展，观象台是其中最为重要的一项。陶寺发现龙山时代观象台的消息，引起国内外学术界的广泛关注，学界对此毁誉参半。有人认为这是了不起的一项重大发现。何努先生介绍说，天文学家认定的天文遗迹不是指墓葬中发现的天象图之类的遗迹，而是指能够拿来观测天象的遗迹和遗物。正是从这个意义上讲，著名天文学家席泽宗先生认为，陶寺观象台的发现"首次揭开了中国天文考古学的第一页"。与赞誉者相伴，怀疑陶寺观象台的大有人在。有些谨慎的考古学家认为，何努先生发掘出来的根本不是什么观象台，而是具有互相打破关系的房基残迹而已。"观象台"到底是什么样子？我从未到现场参观过，非常想看个究竟。

我们吃过早饭，太阳尚未升起。我跟着何努先生，从考古队临时租住的民房出来，朝东北方向走去。他说观象台就在距驻地不远的地方。我们一路朝下走，地势越来越低。难道观象台要舍高而就低吗？站在低处观测日出，哪里有站在高处观测天象方便呢？我心里存着疑问。不一会儿，来到了发掘现场。发掘区大致呈扇形，外围堆着连绵的土堆，发掘区内低于地表，其北侧是城墙所在地，紧挨着它的便是观象台。观象台从外向里分出入用的道路、三级台基、观测缝和观测点等，合围呈扇面形。由于怕上冻，观测缝和观测点都盖上了封土。何努站在探方边上向我解说哪里是城墙，哪里是观测缝，哪里是台基，正兴致勃勃说个不停，忽然转头朝东方望了一眼，急忙掉头往探方里跳，边跳边喊，"快，快站到观测点上，太阳马上出来了"。我回头望向东边的塔儿山。果然，参差不齐的塔儿山仿佛一张美丽的剪纸，被清晨的朝气涂成藏青色，它的背后发出一片红光，霞光四射，反衬出青山的秀丽。太阳马上要露出山顶了。我跟着何努跳进探方，跑向观测点，双脚并拢站立在上面。他站在东三号观测缝上，让我看看初升的太阳能否从这条观测缝中观察得到。我看到凌驾在地平面之上的塔尔山山顶逐渐被背后的太阳烧红。忽然，太阳从山顶上爬出来，像一个金灿灿的弯钩，从山顶上渐渐升起。何努背朝着太阳，连声问我，他所站立的观测缝和我站立的观测点与太阳是否基本在一条直线上？我回答说："不是，而是有些偏了。"他说，必须选择太阳底边与山顶相切的那几秒钟进行观测，如果太阳高出山顶，就丧失了天文观测的意义，必须选择太阳与山顶相切的时段才行。我目不转睛地盯着太阳，等待它露出全身，使其底边与山顶相切。又过了几分钟，太阳慢慢爬上山，由弯钩到半圆，再由半圆变成红彤彤的大圆球，马上要离开山顶了。这时我再次向何努喊叫。何努跑到我的身边，抬起手腕看着手表，查看秒针的移动，过了十几秒钟，太阳彻底脱离了山顶。他告诉我，就应该在刚才十几秒的时间内观测。不过，即便是这样，今天的观测点、观测缝和太阳还不在一条直线上，观测缝还是显得有些偏。何努先生解释说，今天不是春分也不是冬至，有些偏离是正常的。他还给我指出春分和冬至对应的两条观测缝的位置，他说一年四季，太阳就在这两条缝之间来回移动。我注意到夏至时对应的观测缝之外还多出一条观测缝。我问他为什么要多出一条来。他讲从这条缝里的确看不到太阳。某些天文学家认为，这条观测缝很可能是用来观测其他天象的，如月亮等。至于观测缝的原状，何努推测说，所谓的观测缝，实际就是两个相邻的石柱子之间的

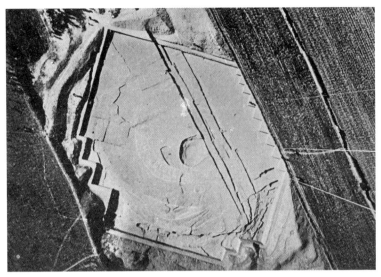

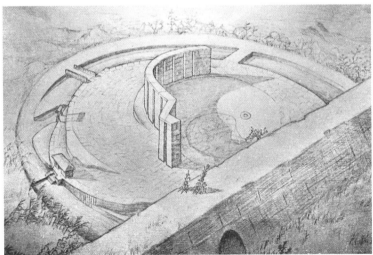

陶寺观星台基址鸟瞰及复原示意图

空隙，石柱子所压的夯土基础密度大，土质紧密；介于两个石柱子之间的空隙地带密度小，土质较松。当石柱子被毁弃后，地面上看不到石柱子，只留下基础部分和它们之间的缝隙，这些缝隙便是"观测缝"，古人便是站在观测点上，通过两个石柱之间的空隙观察太阳等天象的。由于对面的塔儿山很高，由两个石柱构成的观测缝，上下高一些低一些都没有关系，只要便于观测就行，总不会低到只能让人趴在地面上观测的程度。因此推测，石柱子原有一人高上下。那么，在工地上发现过残留的石柱子吗？何努回答说，没有发现大的石柱或石块。"不过，如果这些石柱子原本就是由小石块垒砌而成，不是浑然一体的大柱子，你就不可能见到大的石柱了。发掘时曾经见到一些打制石器的碎片，不知道是否与石柱子有关。"我担心的地势较低的问题经实地验证，倒并不会影响观测。据何努讲，在观象台的东边已经没有那时期的建筑物了。因此，从这里观测东边的太阳等天象，视野开阔得很，不会妨碍观测的。看来，把观象台设在城外不足为怪。

何努说，他们现场工作人员站在观测点上看日出已经有数十次了，可是，外边的人真正赶到陶寺遗址看日出者寥寥无几，我是其中极为幸运的一个。感谢天公作美和何努先生的盛意，使我今天大饱眼福。

（原载《中国文物报》2006 年 2 月 15 日第 3 版）

禹都阳城添新证

中国的第一个王朝——夏王朝的开国之君是大禹。不过，由于年代久远，大禹被披上了层层光环，平添了许多神话的色彩，以至于著名历史学家顾颉刚先生曾发出大禹是条虫的偏激的说法。当然，相信夏代和大禹存在的历史学家大有人在，不然《史记》《尚书》等大批古代文献怎么会一致地记载夏代的存在呢？问题是，能不能从考古学上拿出证据来，从实物资料印证大禹的人格真实性。这一重大的学术课题，到了20世纪70年代，终于取得了重大进展，那就是大禹所在都城——阳城在河南省登封王城岗遗址被发现了。这一重大发现，震动了当时的学术界，不过也立即遭到另外一些考古学家的质疑。据发掘者报导，这座大禹的都城只有1万多平方米。大禹所在的都城怎会如此之小？有人说：这哪里是什么大禹的都城，简直是个马圈嘛。还有人说：不对，这不是马圈，它连马圈也赶不上，是比马圈还要小的羊圈。面对发掘者的质疑，发掘主持人、著名考古学家安金槐先生的回答也颇为巧妙："那你说大禹的都城该多大？"这一个"该"字问得对方无言以对。是啊，当时被考古学家认定的龙山时代的城址只有王城岗一座，历史文献又不曾记载禹都到底有多大。在这种情况下，有谁敢给禹都该有多大给个说法呢？质疑者回答不了安先生的反问，但也无法去掉心中的疑团。这个疑团随着后来长江、黄河流域龙山文化城址层出不穷的发现进一步变大了。继王城岗城址发现之后，迄今为止，龙山时代城址已经陆续发现50多座，其面积少则数万平方米，大者如湖北天门的石家河城址达120万平方米，襄汾陶寺城址更达280万平方米，相比之下，王城岗城址实在是太小了。

　　心动不如行动，借中华文明探源预研究和第一阶段研究的东风，由北京大学考古文博学院刘绪先生和河南省文物考古所方燕明先生挂帅的联合发掘队，对王城岗遗址重新发掘。发掘的重点跳出原来圈定的城址之外，首先在它的西部发掘探沟。我们第一次赶到工地的时候是隆冬时节，厚厚的积雪把大地染白了，工地并没有停工，刘绪先生带领发掘人员热火朝天地忙活着。那一次发掘的重大收获是发现了大批商代的遗物和一段城墙，城墙内的填土十分干净，只抠出一片比硬币大不了多少的绳纹陶片。刘绪先生和方燕明先生都曾拿出这片珍贵的陶片让我和袁广阔看。陶片绳纹不粗，比较乱，既像二里头文化的，又有点像龙山文化晚期的，仅从这个陶片来定夯土墙的年代，实在是太玄乎了。不过，引人深思的是，经过初步钻探，这条夯土墙竟然与原来的王城岗小城的北城墙走向一致，在北墙的外面还有一条壕沟，难道这竟是王城岗的大城？可惜，由于到了年底，当时不得不收工，不过王城岗发现大城的消息不胫而走，立即传遍了全国学术界。

禹都阳城（王城岗遗址地貌）

第二年，刘、方二帅继续发掘王城岗，随着对大城墙的进一步钻探和对城墙外壕沟的解剖，王城岗遗址发现龙山文化晚期大城已经被确认下来。大城的北城墙几乎与小城的北城墙相连接，西城墙穿过今八方村，延伸到河岸。初步计算，大城的面积达 30 多万平方米。这个发掘结果无疑对判定禹都阳城的性质具有重大意义。30 多万平方米的面积已经超过了许多龙山时代城址的面积，王城岗城址再也不会被人戏称为马圈和羊圈了。

方燕明先生不止一次地回忆起安金槐先生发掘王城岗的动人事迹。是的，安金槐先生将王城岗古城确认属于龙山文化时期是需要极大勇气的。当时，除了怀疑王城岗城址面积太小外，还有人说王城岗的城址是"吹"出来的。而方燕明就自认为是"吹"将之一，他说因王城岗的夯窝不如商代城址夯窝清晰，无论用哪种工具剔拨，都容易做过。因此，有时候必须趴下身子，鼓起腮帮子猛吹才能暴露出夯窝的原状。"我们把腮帮子都吹疼了，所以，别人说王城岗的城墙是'吹'出来的，也是事实嘛！"方先生诙谐地说。但愿所有人的理解都符合方先生的原意！

（原载《中国文物报》2006 年 3 月 22 日第 3 版）

启居黄台在何方？

　　按照《史记·夏本纪》记载，启是大禹的儿子，是夏王朝真正的开创者。启都在哪里呢？历史文献没有明确的说法，著名历史学家丁山先生考证当在新郑和密县之间，可是，这个地方却不见考古学的证据。2003年发现的新砦城址，点燃了希望之火。

　　新砦城址的发现并非偶然。说起来话长，新砦城址位于河南省新密市东南18.6公里的刘寨镇新砦村。20世纪50年代新砦遗址就被当地的文物部门发现了。1979年进行了首次发掘，随后提出新砦遗址的主体遗存是介于龙山文化向二里头文化过渡的代表，发掘者命名为"新砦期"。新砦期提出后，有的学者抱怀疑态度。1999年我进入北京大学博士后流动站，首席科学家、我的合作导师李伯谦先生说："新砦期争论20年了，却再也没有做过田野工作，你去再挖一次吧，看看到底有没有'新砦期'。"1999—2000年的两次发掘，论证出新砦期的确存在，不过，其分布地域没有原来估计的那么大，仅限于今嵩山周围的东部地带，年代也没有原来估计的那么早，到不了公元前2000年，可能是公元前1850—前1750年左右。

认定新砦期的重要意义之一，是给予寻找早期夏文化的线索，即寻找早期夏文化不能画地为牢地局限在比新砦期还要晚的二里头文化当中，必须到早于新砦期的龙山文化晚期聚落中来寻找。

新砦遗址主体内涵有龙山文化晚期和新砦期两大期，此外，也有少量二里头文化遗存。新砦期和龙山文化晚期的聚落布局如何呢？从2002年起，新砦遗址考古工作的重点便由确认年代转移到确认布局上来了。

经过2002—2005年的钻探和发掘，我们得知，新砦遗址平面基本为方形，南以双洎河为自然屏障，其余三面建有城墙和护城河。在现存的三面城墙当中，东、西城墙的南部已遭双洎河及其故道冲毁，按照复原面积计算，城墙圈占的城内面积约为70万平方米左右。

新砦期的城墙和护城河被二里头文化早期的一条大壕沟打

破。这条壕沟走势大体与新砦期的护城河平行，只是略向内收。沟宽通常为 15—20 米左右，个别地段宽 60—80 米，河深通常为 5—7 米左右。

在新砦北城墙外 220 米开外，另有一条人工与自然冲沟相结合而成的壕沟，是为外壕。东西长 1 500 米，南北宽 6—14 米，深 3—4 米。自西向东有三处缺口，或许是三处供出入的通道所在。外壕只见于遗址北部，是遗址所在的地貌条件造成的。新砦遗址南临双洎河，西有武定河，东有圣寿溪河，只有北边与陆地相通，故在北边设置外壕以构成新砦城址北边的第一道防线。如果把外壕与城墙之间的占地面积计算在内，新砦城址的总面积将达到 100 万平方米。

自从发现城壕，我们对北城墙的中段和东段、东城墙的中段、西城墙的南段及城墙西北角都进行了解剖，确认龙山文化城墙打破龙山文化地层、新砦期城墙打破龙山文化城墙、二里头文化壕沟打破新砦期城墙等一系列地层关系。从而表明，新砦遗址在龙山文化晚期就已经开始筑城，新砦期进一步加宽加深，二里头文化时期废弃。其中，龙山文化晚期的城墙年代为公元前 2000 年左右，与传说中夏启的年代符合，地望也相当契合。丁山先生把《水经注》与《穆天子传》联系起来综合考证后，指出《穆天子传》所云"天子南游于黄室之丘，以观夏后启之所居"这段话提及的黄室之丘，有可能就是《水经注》所说的黄台岗，果真如此，夏启之居就在黄台岗附近。经调查，距新砦城址西北不远的一道高岗上的确建有夯土台，当地人呼为"力牧台"，又称为黄台岗。我们站在上面向东南张望，至今仍可以清楚地看到新砦村的农田和村庄。如果穆天子站在这里朝东南方向张望，完全可以清楚地看到新砦城址。

无论从城址时代来讲，还是从所在地望和城址规模来讲，新砦的龙山文化晚期城墙所代表的新砦城址与夏启之居颇为吻合，或许这里就是夏启之居所在地。当然，仅凭目前这些材料，还远远不能把所有问题回答清楚，新砦城址的探索之路，目前还只是个开端。

（原载《中国文物报》2006年3月24日第3版）

神秘的花地嘴

花地嘴遗址是近年来继新砦遗址重新发掘之后，又一处引人注目的"新砦期"遗址。该遗址位于河南省巩义市站街镇北瑶湾村南一处较为平坦的台地。这里北濒黄河，西北紧邻伊洛河，地处历史上著名的洛汭地带。

主持发掘花地嘴的顾万发先生，在1999年，我在新砦遗址发掘时，他还是个刚来郑州市文物考古研究所报到的大学生。那时，他被所领导指定配合我在新砦遗址搞发掘。我们合作得非常愉快，可以说，新砦遗址的许多工作都因他的积极参与而得以顺利开展。

小顾是个个性鲜明的人。他以前的业余爱好是画漫画，在北大考古系读书期间，曾经在《人民日报》《讽刺与幽默》等报刊上发表过不少漫画作品。2000年，他还忙里偷闲，画了一幅《哭泣的蒙娜丽莎》漫画参加国际漫画大赛。我和他就漫画的内容讨论了好多次。他的这幅作品最终入选那次大赛的作品集当中。

生活中的小顾也是漫画式的人物。他常把钞票胡乱地丢在自己也找不到的地方。他洗衣服用的是拿水壶往衣服上浇的顾氏洗衣法。他曾经一只脚穿白袜子，另一只脚穿黑袜子上班。他这种漫画式的生活方式，不知在工地上闹出多少笑话。不过，自从参加工作，尤其是发掘新砦遗址之后，他的兴趣慢慢从漫画回归到考古上来。他会花数万元购买古籍，动辄花上千元复印研究资料。从郑州市往北京打长途电话一打就是一个多小时，向有关专家请教学术问题。他在新砦发掘期间，一次又一次推迟婚期，新婚不久又忙着下工地，全身心投入到考古上来。发掘新砦遗址之后，他从以前的一本当地出版的著作中，看到先前被定为龙山文化和二里头文化的花地嘴遗址发表的陶器实属于新砦期，就急忙赶到实地进行复查，后利用这些资料再次发掘花地嘴遗址。2001—2003年的发掘表明，该遗址的主体内涵有龙山文化晚期和新砦期的遗存，其中最重要的发现有两项，一项是发现了2座新砦期的祭祀坑，内出牙璋、彩绘陶器，另一项是发现遗址周边有大型环壕相环绕，构成数重防御设施。目前已经公布了部分发掘资料。根据这些材料，花地嘴遗址同新砦遗址一样，主体遗存可分王湾三期文化晚期和新砦期两大阶段。其中，属于王湾三期文化晚期的陶器有深腹罐，系浅灰色夹蚌陶，宽折沿，方唇，鼓腹，下腹内收为小平底，通体施印痕清晰的方格纹。鼎，黑灰色夹砂陶，盆形，宽折沿，内折棱突出，沿面内凹，唇沿施浅凹槽，腹壁较直，外表饰清晰的斜方格纹，素面三角形高鼎足。这种形制和方格纹饰都是王湾三期文化所常见的，小顾把它们都定为新砦期，恐怕不够妥当。属于新砦期的陶器更多，如器盖、乳足鼎、钵、深腹罐等。至于这些新砦期的陶器是否都属于新砦期早段，恐怕也不一定。比如出土的器盖、盂（深腹碗）、粗柄豆、钵，这几件器物的确属于新砦期早段。可是，出土的唇沿稍厚、腹部浑圆的深腹罐及常见于新砦期晚段的小口罐恐怕还是定为新砦期晚段更为合适。

因此，从目前披露的资料来看，花地嘴遗址是一处包含王湾三期文化，新砦期早、晚两段文化的遗址，不是一处只含有新砦期早段文化的遗址。

花地嘴最重要的发现是所谓祭祀坑的发现。关于祭祀坑出土的陶片资料，我在郑州所内不止一次地观摩过。据小顾讲，这2座祭祀坑位于遗址的出入口附近。西边的一座为长方形，东边的一座为正方形，并有火烧的迹象。祭祀坑内的填土很

花地嘴遗址玉钺

花地嘴遗址玉铲

花地嘴遗址玉铲

花地嘴遗址玉璋

干净，埋有不少兽骨。坑内出土了大量陶片，其中不少可以复原。在已经复原的陶器当中，彩绘子母口瓮和彩绘豆是十分重要的发现。其中两件子母口瓮，大小、造型基本一致，如果把出土于同一灰坑中的两件彩绘器盖扣于瓮口，大小正好相符。可见，原来很可能就是配套组合使用的。子母口瓮是新砦期的典型器物，应是造律台类型传统器类。花地嘴发现的这两件彩绘子母口瓮（盖）外表皆涂浅色红衣，在子母口瓮的上腹部施黑色图案，因过于破碎，不易确定图案形状。在另一件子母口瓮上腹部施赭红色图案，似为简略的兽面纹。两件器盖外表通体施红衣，器盖顶面上等距离地画有大小相同的四圆和六圆。虽然对这两组彩绘陶器纹饰的真实含义一时还不能够完全弄明白，但是可以初步判断它们非实用器，而很可能是高规格的陶礼器。

除了彩绘陶器外，花地嘴遗址还出土玉钺、玉璋、玉刀等四件完整的玉器。其中玉钺、玉刀不见使用痕迹，应是玉礼器。玉璋的发现更让人喜出望外。以前，在河南境内发现的玉璋以二里头遗址出土的最早，花地嘴玉璋的发现把河南省出土玉璋的年代提早到二里头文化之前的新砦期，这为研究牙璋的传播和演变提供了珍贵的新资料。

2005 年 11 月，在郑州会议结束之后，我和杜金鹏、王学荣先生一起，在顾万发的陪同下，来到花地嘴遗址发掘现场参观。

当时环壕还正在发掘当中。在其中一个探沟中发掘的壕沟发现有明显的供出入上下的窄道，窄道上和壕沟底部有明显的踩踏层，缺乏通常所见的壕沟里面充斥淤泥的现象。壕沟里怎么还留下这些痕迹？难道是供聚落内部的人们出行用的吗？究竟如何解释，还有待更多的发掘工作来说明。

花地嘴遗址的性质也颇值得研究。顾万发已经撰文，认为这里是伊洛河交汇处，从有关文献记载来看，或许与"五子之歌"有关。我想，不管是否真的与"五子之歌"有关，从花地嘴出土的一系列玉礼器和陶礼器来看，已经足以说明它绝非一处普通聚落遗址。在当今探讨早期夏文化的热潮当中，应当给予花地嘴以高度的重视。

（原载《中国文物报》2006 年 3 月 29 日第 3 版）

探索夏文化的里程碑：偃师二里头

河南偃师二里头遗址位于偃师市西南约 6 公里，在夏商考古研究上的地位举足轻重。该遗址，是中国科学院的徐旭生先生等于 1959 年夏赴豫西进行"夏墟"调查时发现的，迄今历经近半个世纪。其重大收获是，在二里头遗址发现的文化遗存被命名为二里头文化，二里头遗址也被确定为都邑遗址。至今，学术界普遍认为二里头文化是夏文化，二里头遗址是夏都故城，与安阳殷墟和郑州商城一样，是 20 世纪中国考古学的重大发现，是探索夏文化的里程碑。

近年来，二里头遗址考古工作在新任队长许宏先生的领导下，再次取得令人瞩目的新进展。首先，通过详细排查遗址边沿，廓清了遗址范围，确认遗址现存面积达 300 万平方米。新发现了宫城城墙和外围道路网，并在 2002 年二里头第五区发掘区的一座墓葬中发现了绿松石片摆放的龙和一个铜铃。尤其重要的是二里头的宫城的发现，结束了二里头没有城墙的历史。宫城城墙略呈长方形，东墙长 378 米，西墙长 359 米，南墙长 295 米，北墙长 292 米，面积约 10.8 万平方米。宫城始建于二里头二至三期，1、2 号宫殿均在宫城之内。此外还新发现了多座宫殿基址。这些重大发现对于探索夏文化和中国文明起源具有重大意义。

我所感动的不仅是二里头遗址取得的辉煌成果，我还想到了这些成果背后的无私奉献者。我多次路过和参观二里头遗址，每一次都会引起我深深的思考。

我不会忘记骑着毛驴前来调查的徐旭生先生，他当年已经是 70 多岁的社会贤达，凭他已经取得的学术成就和社会威望，完全可以颐养天年，不必到田野第一线进行考古调查。但是，他来了。正是他的这次非同寻常的调查，明确指出二里头可能是一大都会，才引发了长达数十年的对二里头遗址的发掘。

我还会想起二里头考古队的老队长赵芝荃先生，他在田野里奋斗了一辈子。有一次他对我说，我一辈子很幸运，我把夏商周三代的都城都搞了。你看二里头是夏都，偃师商城是商都，洛阳东周王城是周都，我的一生能够与夏商周三代都城结缘，能不幸福吗？赵先生早年忙于田野，很少有时间写东西，他评定职称时总是吃亏。他一辈子都在田野上，身上落下了很多职业病。对这些，赵先生却不放在心上。他一直关注二里头遗址研究进展。每当手捧《偃师二里头》的时候，我们怎能忘记赵先生的功劳？他目前身体状况不是很好，可是只要提及二里头，提及新砦，提及洛阳和煤山，他是那么的深情，说着说着，眼里就含满了泪水。

我还想起了殷玮璋先生，正是他慧眼独具，盯住钻探出的空场地，判断空场地才更值得注意，才在那么大的遗址上，很快就找到了1号宫殿区。如果错过这次大胆的推测，二里头遗址的研究不知要推迟多少年。

我想起了郑光先生，他是以二里头为家的人。他用很少的钱，建起了二里头工作站，使二里头人有了自己的家。他潜心研究二里头文化，在学术上有一人成一家的赞誉。在他担任队长期间，他几乎一年到头待在那里。为了工作，他简直把北京的家当旅馆，根本谈不上对家庭的照顾。我曾经这样问他："您大半辈子住在二里头，终日与农民打交道，您感到后悔吗？"他的回答是："我不但不感到后悔，我反而感到很庆幸！是二里头使我明白中国早期都城文化的奥妙，没有二里头，我哪里有这些认识。我一点都不后悔！"

我想起了新任队长许宏，他用新思路来确定二里头工作方案，正在进行从谱系向聚落布局的转变，并且取得了显著成果。

我还想起了王宏章、王丛苗等长年守护在遗址上的考古技师。他们的待遇很低，因此心里也不能说没有怨言，他们也要养家糊口。和他们一起工作过的技师，有几位已经先后离开了二里头这个穷地方，或跳槽到了别的单位，或改行干了别的职业。可是宏章和丛苗们舍不得离开这，舍不得干了大半辈子的考古事业。他们把青春奉献给了二里头，他们也是二里头历史的书写者。

我还想起了一代又一代、一个又一个奋战在二里头遗址的人：有号称"方老牛"的方酉生先生，号称"高司令"的高天麟先生，还有方孝廉先生、李经汉先生、杜金鹏先生、张立东先生。没有这些先生们的辛勤劳动，二里头遗址研究绝不会达到目前的水平。

我还想起了至今奋战在那里的年轻人：赵海涛、陈国梁。熟悉考古所的人都知道，考古所有一帮像他们这样的年轻人：他们起点高但不骄傲，待遇低但甘于忍受，贡献大但不显山露水，挣钱少但工作努力。有这样的年轻人，是考古所的希望所在。

我也想起刚刚去世的邹衡先生，我有一次随他到二里头遗址

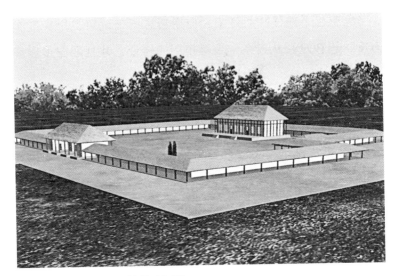

二里头遗址Ⅰ号宫殿建筑基址复原

二里头遗址贵族墓（02VM3）出土的绿松石龙形器与海贝串饰

参观，他对赵芝荃先生客气地说："赵先生是二里头专家，我是来向您学习的。"邹衡先生生前出席的最后一次重要的学术会议，就是在偃师召开的"二里头遗址与二里头文化国际学术讨论会"。他在会上满怀深情地赞扬奋战在二里头遗址上的一代又一代的考古工作者。我们知道，邹衡先生对二里头文化的研究功勋卓著，且跟考古所同仁的观点不尽一致，甚至针锋相对，但是，邹衡先生对二里头遗址的工作是充分肯定的，对二里头遗址的考古工作者的劳动是十分尊重的。

经过几代人的努力，二里头遗址的考古工作已经取得累累硕果，不过，每一次解决一些旧问题，又会提出更多更新的问题。我们在为二里头喝彩的同时，也盼望新的喜讯不断从二里头传来。

（原载《中国文物报》2006 年 3 月 31 日第 3 版）

"大师姑"的新发现及其意义

近年来，正当学术界对二里头遗址第四期的文化性质争论不休的时候，郑州市西北郊新发现了大师姑二里头文化城址，使得对这一问题的讨论更加热烈了。

2002 年 3 月至 2004 年 1 月，郑州市文物考古研究所为配合农村生产基本建设，对郑州西北郊的大师姑遗址进行了连续钻探和抢救性发掘，王文华副所长亲自挂帅。王文华，中等身材，敦实健壮，爱好文学，是北大考古专业 1984 届的高材生。1994 年我们同在国家文物局办的郑州西山第八期考古领队班上学习。当时我俩被分到一个小组。考古领队班素有考古界的"黄埔军校"之称，学规之一就是实行末位淘汰制，或曰"将军里面挑瘤子"，即使全班同学成绩都很优秀，也要把排名最后的一位拉下马来。这样一来，无形中大家心里便有极大压力，无论发掘或整理，无不严肃认真。有关王文华的认真的一个典型镜头我至今难忘：为了把探方壁修整得笔直、整齐，他甚至拿铅笔刀一根一根地割掉铁锹无法铲去的挂在探方壁上的茅草根须，即使那些根须细如发丝，不立在探方壁前根本看不到。或许，王文华就是凭着这样的狠劲，才能够把原本普普通通的大师姑遗址做得轰轰烈烈，有声有色。大师姑二里头文化城址的发现被列入 2003 年中国十大考古发现之一，同年，又迅速地出版了发掘报告。

大师姑城址位于郑州市西北郊的荥阳市广武镇大师姑村和杨寨村南地，东南距郑州市区 22 公里。今索河河道将城址分成东西两部分，城址大部分在河东岸，小部分在河西岸。城址由城垣和城壕两部分组成。整个城址的形状呈东西长、南北窄的扁长方形，面积约 51 万平方米。在城址东壕的北段和城址南壕的西段，采用横切城垣和城壕的方法开挖了 4 条探沟。发掘面积 540 平方米。根据发掘情况，可知城垣外侧一共有相互平行的里外两条壕沟。其中，内侧壕沟时代晚于城垣，为早商时期。外侧壕沟属二里头文化时期，应是城址的护城壕沟。城垣现今顶部宽 7 米，底部宽约 16 米，残存高度为 3.75 米。初步推断大师姑城址的废弃年代应在二里头文化四期偏晚阶段和二里岗下层之间。这样确认了大师姑是一处二里头文化中晚期的大型城址。

大师姑发掘期间，我曾多次到发掘现场学习、参观。大师姑的城墙结构与新砦城址的城墙有几分相似之处：（1）城墙外侧紧邻护城河，护城河自身的高度加上城墙高出地面的部分，使城外的人不易攻入城内。（2）城墙经过若干次的修补和扩建，后期扩建的城墙直接叠压在早期的护城河上，推测应该是在早期护城河被废弃或淤塞之后，把干枯的护城河填实，然后加以夯打，形成新的城墙。

　　大师姑的城墙找到了，城内部的布局便提到议事日程上来。初步发掘表明，城址内部的二里头文化堆积以二里头文化二、三期和四期偏早阶段的遗存为主体，已发现有房基、墓葬、灰沟、灰坑和大量遗物。二里头文化四期晚段遗存仅发现部分遗迹单位。发掘出的一组二里头文化四期晚段的灰坑打破早商墓葬，表明二里头文化四期偏晚阶段已经进入到早商，文化性质应属于商文化或夏遗民文化。

　　二里头文化四期的性质与族属，是二里头文化研究当中的一个热点。以前，邹衡先生力主二里头文化一至四期都是夏文化。目前，这一观点仍有不少支持者。可是，也有学者认为二里头文化四期，或至少是四期的偏晚阶段，年代已经进入早商，文化面貌虽然仍是二里头文化，其实质是夏遗民文化。大师姑的发现，无疑为二里头文化四期晚段的夏遗民说提供了新证据。果真如此，真正的夏文化即夏王朝时期夏民族的文化就不包括二里头四期晚段，二里头文化的四期早段及其以前才是夏文化。不过，大师姑城址比二里头遗址靠东，接近夏朝版图的东部边缘，而商汤灭夏是沿着从东向西的方向进行的，大师姑四期偏晚阶段虽已进入早商，二里头都城内是否同步演变成早商文化？至少从理论上讲并不一定同步。

王文华认为，大师姑城址是方国的都城，而且很可能就是顾国的都城。袁广阔则认为，因先商文化和早商文化向伊洛地区逼近，迫使夏朝不得不筑城防御，从地理位置观察，大师姑城址是军事重镇的可能性更大一些。

城墙发现和确认之后，探索城内布局的课题接踵而至。这一点，王文华早已考虑到了。他首先在一条已经清理的二里头文化三期偏晚阶段的大型灰沟中，发现了成片的坍塌夯土墙体、陶质排水管残片等，这些说明遗址中部应存在规模较大的建筑基址。从2003年春开始，王文华一直采用钻探与适度规模发掘相结合的方法，以探索大师姑遗址的聚落布局。目前，已将重要建筑的分布区大致锁定在遗址中北部一带，面积大约10万平方米。不过，每个城址的布局受各种因素的影响，往往具有其独特之处，要想把大师姑城内各时期的聚落布局彻底搞清楚，还必须在大师姑遗址摸索出一套符合当地特点的行之有效的方法才行。

大师姑二里头文化城址，和差不多同时发现的新密新砦遗址，以及此前发现的孟庄二里头文化城址，都证明夏代不仅有规模宏大的都城遗址，也有面积达数十万平方米的区域中心城址。这些发现对于研究夏代晚期聚落形态与城池制度，对于研究中原地区文明化进程乃至中国古代文明起源与形成，都具有十分重要的意义。

为祝贺花地嘴、二里头和大师姑考古新发现与新进展，特作小诗一首，以示庆贺。

贺夏文化研究新进展

洛汭河畔花地嘴，神秘莫测朱砂瓷；

千年故都二里头，宫城左近降神龙。

墙高壕深大师姑，夏末商初添新证；

劝君更进一杯酒，百尺竿头立新功。

（原载《中国文物报》2006年4月5日第3版）

折射中原文明进程的魔镜

2004 年春的一天，我在考古所开会的时候碰到了王仁湘先生。他问我能否去河南南阳一趟。原来，著名玉器研究专家杨伯达先生邀请他一道到南阳鉴定出土玉器，他向杨先生推荐了我。我对杨先生的学问仰慕已久，自然十分高兴。

2004 年 3 月 23—26 日，杨先生和我来到南阳。负责接待我们的是南阳师范学院中国玉器研究中心的蒋富建老师。他约莫有40 多岁，是一位玉器收藏家，也是南阳玉器博物馆展览的总设计师。蒋老师带领我们不仅观摩了他本人采集的玉器标本，还带领我们专程到南阳玉的产地——独山参观，了解独山玉的玉料状况和加工工艺。

这次玉器之行，促使我开始对中原地区史前玉器进行研究，并粗略地梳理了中原地区史前玉器的材料，将中原地区新石器时代玉器初步划分为萌芽期、形成期、转型期和发展期等四个阶段：

第一个阶段为前仰韶时代（约公元前7000—前5000年）的萌芽期。此时中原地区尚未出现真正的玉器，只有似玉的美石——绿松石制品，多出土于裴李岗文化的墓葬当中。拥有这些玉器的墓主人生前社会地位没有太大差别，这些玉器当时只是起装饰的作用，尚未赋予财富和宗教上的含义。

第二个阶段为仰韶时代（约公元前5000—前3000年）的形成期。仰韶时代前后历经2000多年，是我国史前社会一个重要的发展阶段，也是中原玉器的形成阶段。如在陕西南郑龙岗寺仰韶文化早期一些墓葬当中开始出现一组生产工具，如斧、铲、锛、凿和镞。这些玉器全部用绿色或白色半透明状软玉磨制。在陕西西乡何家湾遗址，还出土有碧绿色硬玉斧、硬玉锛和硬玉刮削器等。这几件玉器都不是墓葬随葬品，散落在地层和灰坑当中，可能是实用工具。

仰韶中期，即相当于仰韶文化庙底沟期，个别遗址开始出现玉环和石璜，如河南临汝中山寨三期出土有一件石璜和玉环。

到了仰韶晚期，即相当于仰韶文化的西王村类型和秦王寨类型时期，增添了玉刀。如河南郑州大河村四期，除了出土有椭圆形玉饰、玉环和玉璜外，还出土了一件玉刀。

中原地区，形成期的史前玉器发生了两个方面的重大变化：一是装饰品当中除了继续沿用绿松石制品外，新出现了玉璜和玉环，从而丰富了装饰品的种类；二是出现了玉质的生产工具和武器，种类有斧、铲、锛、凿、镞、刮削器和刀。这些玉器既是实用工具，也是稀有的珍品。观察龙岗寺随葬这些玉器的墓葬，可以看出，这些墓葬具有下列特点：一是随葬品数量多；二是墓主人基本上全是成年男性。可见，只有那些掌握社会财富较多的成年男性才能拥有玉器。

第三个阶段为庙底沟二期（约公元前3000—前2500年）的转型期。转型期的玉器在种类上的突出特点是增加了玉礼器。礼仪性玉器的种类有钺、琮、璧、圭等，如山西临汾下靳村出土了钺、璧、圭形器等。这些珍贵的高级礼器，多出土于贵族墓葬当中。某些玉器可能受到良渚文化玉器的影响，已经开始与良渚文化发生交流。

第四个阶段为龙山时代（约公元前2500—前1900年）的发展期。该时期，中原地区的玉器进一步发展，分布地域更加广阔，玉礼器中开始出现牙璋，玉质的生产工具、武器和玉礼器的种类普遍增多，艺术品中出现了人头像、虎头、蚕、螳螂、蝗、鸟等动物形象，大大丰富了玉器种类。这时期出现了专门埋藏玉器的玉器坑，是这一时期玉器发达的突出特点。如在神木新华遗址成人墓区的范围内，发现了一个"玉器坑"。坑口平面略呈长方形，方向与墓穴的方向基本一致，坑底有序并排着30余件各种玉器，器形包括钺、刀、圭、玦、璜、铲、斧等。玉器坑应该是祭祀坑。此外，中原玉器此时体现出与南方石家河文化玉器、东夷系统玉器、南方的良渚文化玉器以及凌家滩玉器发生文化交流的现象，从而初步形成了中原地区史前玉器朴实无华、博采众长的主体风格。

通观中原地区史前玉器从出现到初步形成的整个过程，可以看出，被后世统治者弄得神秘兮兮的玉器，最初只不过是普普通通的装饰品，随着社会的发展才逐渐被赋予了财富和宗教的色彩，成为人们身份与地位的标志物，再到后来质地精美的玉器被社会上层人物所垄断。一部中原史前玉器的发展史，曲折地折射出中原古代文明起源与发展的历史进程，把玉器称为透视中原文明化过程的魔镜也许并不为过。

（原载《中国文物报》2006年5月24日第3版）

老虎山传奇

老虎山遗址位于内蒙古中南部的岱海边上，是一处坐落于山坡半山腰上的石头城。老虎山声名鹊起，缘于在这里发现了龙山时代的城址。应该说这是内蒙古中南部首座被确认为龙山时代的石头城。

岱海地区的考古工作是从 1979 年开始的。次年春，内蒙古自治区文物考古研究所的田广金等人发现了龙山时代早期的老虎山石城。后经进一步的钻探和发掘，发现老虎山城址保存完好。为了进一步开展工作，1984 年在遗址附近筹建了工作站。此后，对老虎山周围的一系列遗址开展环境考古研究，取得了许多成果。同时，日积月累的大量发掘和调查资料也亟待整理。干考古的人都有体会，很多遗址在发掘期间，搞得热火朝天，各家媒体争相报道。可是一旦发掘过后，进入到室内整理阶段，长期、琐碎的整理工作，通常就不再引人瞩目，发掘报告的出版也就容易陷入久拖不决的泥潭。为了尽快出版岱海地区的考古工作成果，受田广金先生的邀请和严文明先生的指派，自1997年起，韩建业来此开始整理和撰写老虎山城址的发掘报告。

韩建业北上老虎山月余，我接到他的一封来信（那时 E-mail 还没有普及）。信上说他整日蹲在老虎山工作站，工作进展顺利，但也略感孤单。如果有空，他希望我到老虎山去一趟，看看老虎山的石城，和他好好聊聊天。我毫不犹豫地答应了。动身前，向导师严文明先生辞行。严先生讲，田广金先生是北大的学生，用不着他再写介绍信，只要我自报家门，田先生就会热情招待的。

果然如此。我在呼市见到了田广金先生。他当天就安排我前往老虎山工作站。我们驱车穿过石城的南墙进入城内，七拐八拐地来到山城北部的工作站，见到了韩建业。韩建业显得比以前更瘦了，面庞略显苍白。田先生把我安顿下来之后，当即就下山返城。

老虎山上光秃秃的，连棵树都没有。北风一吹，整个山头发出低沉的吼声。韩建业首先把我带到整理间参观。整个整理间靠墙摆放一排铁架子，上面摆满了大大小小的陶器。屋子中央是一张特制的大桌子，上面铺满了稿子、米格纸、硫酸纸，旁边还放置有正在修复的彩陶等物品。出了整理间，他把我领到简陋的寝室。靠寝室墙角，就地摆放一排白色的大酒桶，约有七八十厘米高。韩建业说，这是田老师专门买的白酒，喝了不上头，田老师最爱喝的就是这种普通的白酒。我以前从未见到这么大个儿的酒桶。想不到看上去瘦瘦小小的田老师会用这么大个儿的酒桶喝酒，足见田先生的海量。

韩建业带着我顺着石头城墙走了一周。老虎山城坐落在岱海西北岸边向阳的山坡上。山城整体呈漫坡状，平面就像个绳索围成的套圈。石城的西墙局部与自然悬崖相结合，其余三面均为石砌而成。墙体不宽，保存不高，走向也不甚规则。因年久失修，城墙上部已经坍塌，只存墙的底部数层砌石。城内的建筑多掩埋在地下，裸露在地面上的只有位于山顶的方形房址和数处石堆，可能与守卫或祭祀活动有关。从城北部顺坡往下走，走到城址的南半部，进入到居住区。这里还保留有几处发掘现场。从探方里可以看到窑洞式建筑的残迹，这些房屋的地面和四壁上涂抹了白色的石灰，这样屋里面显得亮堂些。与中原地区明显不同的是，这些房屋之间，无论是面积大小、建筑结构、室内设施，还是存留的物品，相互之间没有什么实质性的差别。这倒是颇具趣味的现象。就全国范围来看，龙山时代是个邦国林立、战争四起的时代，聚落与聚落之间、聚落内部之间有着显著的差别，怎么这里这么不同凡响呢？韩建业把这种现象概括为北方模式，大意是说，在气候温和的条件下，这一带的居民就在当地发展农业，安居乐业；一旦气候变冷，生活资源枯竭，这些北方的居民就会大举南下，挺进中原，从而促进了北方与中原的文化交流。韩建业还谈到了田广金先生，说田老师实在不容易，正是他到内蒙古文物考古研究所后，尤其在任所长以后，才带动所里各方面工作发生明显变化。他面对千头万绪的工作，胸有成竹，从容应对，有条不紊地把内蒙古考古所的各项工作做得有声有色。

　　韩建业谈起这些，兴致勃勃，似乎忘掉了自己还身处荒山野岭。不过可以想象他在老虎山的日子，更多的时候是冷清的。平时偌大一座老虎山，除了他，只有一个做饭的小厨师。小厨师是个不到20岁的小姑娘。按照约定，她每次做好饭后，就在厨房门口吹哨子，韩建业在整理间听到哨声，就来厨房吃饭。俩人之间，各忙各的活计，彼此很少说话。我要离开老虎山的头天晚上，小姑娘正闹着要走，说她爸爸在城里给她找到了更好的工作。听到这个消息，韩建业沉默了。如果她也走了，整座老虎山陪伴韩建业的只有一条老黄狗！小厨师可以撂挑子走人，韩建业必须待在孤寂的老虎山上完成任务！他把所有的精力和时间都投到工作中，从工作中排解孤独和郁闷。他一个人干着撰写考古报告所有的活儿，包括撰文、绘图、制表，甚至拓片等。他一整天说不了几句话，不过整理报告的速度因夜以继日的工作而进展迅速。

　　分别的时刻到来了。韩建业坚持把我送到山下的马路边上。公共汽车开过来了，我们依依不舍地告别。坐在颠簸的汽车上，

内蒙古凉城老虎山遗址远眺

透过车窗，我不时地回头看他。他在寒风中独自返回荒凉的老虎山。山坡上，他孤独瘦弱的身影越来越小，越来越小，逐渐变成一个小黑点儿，最后蓦然嵌入老虎山中。

几年后，厚厚的三大本《岱海考古》陆续出版了。我展卷阅读，似乎又来到了寒冷的老虎山，看到了老虎山上忙碌的考古发掘者和孤独的报告整理者。

（原载《中国文物报》2006 年 4 月 21 日第 3 版）

来自较场铺的思考

山东茌平较场铺龙山文化遗址早已引起学术界的注意。山东省考古研究所的张学海先生曾经依据地面调查和钻探资料，率先将其定位为龙山文化城址。不过，究竟是不是城址，仅凭钻探和地面调查是不够的，必须用发掘结果来检验。2004年，中国社会科学院考古研究所山东队等单位解剖较场铺城墙之后，才使得这一问题的解决有了实质性的进展。通过解剖得知，该遗址东西长230米，南北宽180米，城内面积近5万平方米。遗址周边确筑有一周城墙，只是东墙和南墙保存得不够完好。该遗址属于龙山时代面积偏小的城址。

较场铺发现城墙之后，中国社会科学院考古研究所原始社会研究室当即组织了全室同仁，前往较场铺召开现场讨论会。当时我正在新砦工地发掘，接到室主任吴耀利的通知，赶夜路从新砦工地前往较场铺，并于次日凌晨到达工地。我们抄近道，从遗址的东南口进入遗址发掘区。遗址偏东部有高出地面约2—3米的土台子。发掘之前，这个土台子曾经被推测为重要建筑的遗留。山东队今年在这个土台子上大面积地布方发掘，结果没有见到规模宏大的建筑，倒是有一连串的灰坑布满发掘区。

从土台子上走下来，我们来到一条横切遗址北墙的长条形探沟边上，从探沟剖面可以看出遗址的边缘凸起一周土垄，这便是墙。墙的南北两侧地势陡然下凹，可以理解为内外壕沟。墙体上的夯土层系细粉沙土，不见夯窝，也不出陶片，倒是在城墙上发现有打破城墙的圆形灰坑，发掘者称这是祭祀坑。看完北边的探沟，我们又来到西边城墙的解剖沟。这条解剖沟暴露的情况与北边的大致相同，不过城墙上的夯土层更像是自然淤积的结果，夯层之间的交界面近似水波纹状。

就在发掘现场，同事们围绕着城墙的结构和建筑程序发生了激烈的辩论。一方说较场铺周围的这一土垣就是城墙，这是鲁西地区常见的夯土，其特点就是用生土筑墙，不见陶片。不然，围成一周的土垣是什么？另一方则持谨慎态度，虽然原则上尊重发掘者的意见，不过他们建议请自然科学工作者，特别

173

是从事地质地貌学研究的学者介入发掘工作，由他们从自然科学研究的角度配合发掘，判定土垣的结构。据悉，将有一位北大地貌学专业毕业的博士参与较场铺下一步的发掘和研究工作，运用自然科技手段对较场铺的城墙进行进一步的观察和研究。考古学发展到今天，由考古学者包打天下并不是好事，相反，如果条件许可，尽可能多地吸收自然科学工作者参与研究才是上策。山东队在发掘较场铺时，一直注意运用自然科技手段，对遗址进行多方面的研究。我们期望在城墙结构的判定上有所突破。

关于较场铺的文化归属，现场会上也有不同的看法。有的先生认为，是否可以考虑把此类遗存叫做较场铺类型。从出土的陶器群观察，这里常见海岱龙山文化的素面冲天流鬶、鬼脸式鼎、素面平底盆等，与山东其他地区不同的是，多了一些中原龙山文化后岗类型和王湾三期文化以及造律台类型的因素，如素面鬲、方格纹深腹罐等，这与该遗址地域上与河南省搭界有关。因此，我认为还是归入到山东龙山文化系统为宜，不宜另立新的类型，也不便视为河南龙山文化的一支。

说起考古学文化的命名问题，真是件让考古学界头疼的事情。不少田野考古发掘者乐于把自己亲手发掘的古代遗存命名为某某文化或某某类型。具体到每个发掘点，发掘者的个中辛苦不言自明，他们视自己发掘出来的成果为掌上明珠的心态也可以理解。可是，如果挖一个新遗址就命名一个新文化或者新类型，势必导致同一时间段同一地域冒出许多考古学文化或类型的名称来，这不仅给相关研究带来不便，恐怕也不尽符合考古学文化和类型命名的条件。因此，曾有学者倡议，为避免考古学文化命名的随意性，全国应该有一个权威组织来把关，对各地新提出的考古学文化进行"质量体系认证"。我觉得不一定非要一个这样的权威组织来裁决新命名的命运，比这个更重要的是，命名者特别是发掘者兼命名者，不必追求命名的优先权，就像母亲生下了儿女，已经功莫大焉，何必在给儿女起名的问题上争先后。谁都知道，给孩子起名容易，难的是把儿女抚养成人。考古学文化也一样，由谁给考古学文化起名，都算不上什么了不起的贡献，难就难在对该文化（或类型）的内涵有准确、全面、深入的认识。因此，我认为，在没有开展好相关的一系列研究之前，发掘者先不要着急另提新的文化或类型的名称。拿较场铺目前的发掘材料而言，其文化性质显然应归属海岱龙山文化系统，至于能不能另立为海岱龙山文化之下的一支地方类型，还有待更多相关研究的展开，在此之前，不妨就叫做"较场铺龙山文化遗存"为妥。

（原载《中国文物报》2006 年 5 月 31 日第 3 版）

从霍山到合肥

我是早晨到达合肥市的，直到中午才抵达霍山县城。正在执教安徽省第二届田野考古培训班的朔知先生从工地上赶来迎接。他把发掘地点选择在距霍山县城不远的一处西周遗址中。下午我们就到工地发掘现场参观。遗址面积不大，只有一千多平方米，是一个高出周围的土台子，和豫东常见的所谓"孤堆"遗址一样，应该是一种黄淮中下游平原常见的遗址类型。朔知说，他们以往已经调查过几十处这样的遗址，分布密度相当大，几乎与当代农村分布密度差不多。但是，每个遗址的面积都不大，而且地层堆积也差不多，往往是四周边用以居住；中间低洼，好像是公用的垃圾坑。这种周边住人、中间辟为垃圾坑的居住模式实在教人莫名其妙。他执教的培训班这次又挖出如此的地层堆积：周边垫有厚厚的较纯净的黄褐色土，中间是层层发黑发黏的土层，夹杂大量的草木灰。这些地层从四周向中间地带倾斜堆积，有的地方还发掘出保存完整的木桩，仿佛原来就浸泡在水里或稀泥里。这次发掘的一个重要收获是发掘出一处圆台子，直径 5 米左右，附近散布一片碎石子和红烧土碎块，至于这个土台子与附近的地层、遗迹存在什么样的联系？它是干什么用的？有待进一步的考察。

晚上，应朔知的邀请，我给培训班的学员作了学术报告，主要讲了新砦遗址在断代工程和探源工程中的田野工作。学员们对报告内容比较感兴趣，提问问题也相当踊跃。有位同学的提问非常有意思。他的大意是说，考古学家在讲陶器分期时往往列举陶器的某某部位发生了什么样的形制变化，却从不谈为什么会发生那样的形制变化。的确，考古学研究中知其然不知其所以然的事情太多了，凡事我们还是要多问几个"为什么"才好。

第二天，朔知陪同我返回合肥市，到安徽省文物考古研究所参观。征得杨立新所长的同意后，我被惠允参观他们所的文物库房和扬名天下的凌家滩玉器。观摩凌家滩玉器，必须找到凌家滩遗址发掘者张敬国先生才成，所有的材料都在他手上。我和敬国先生是故交，1989年我们在北大考古系学习期间（他来北大读高级研修班，我读硕士研究生班），曾共同居住在北大燕园东北角的沟沿三号民居内，是"老邻居"了。这次见到敬国先生时，他虽年近花甲，但风采依旧，只是丰富的阅历使他显得更加沉稳老练了。他目前正在着手整理凌家滩的发掘报告，终日忙得焦头烂额的。配合他工作的一位女同志，年纪不大，正在电脑上绘制线图。这种在电脑上直接由照片生成线图的技术在国内尚不多见。那位女同志已经能够比较熟练地运用这项新技术了。电脑绘图如果能够做到快捷准确，将有可能替代传统的手工绘图方法，将引起考古绘图的重大变革。

张敬国先生从1985年发现凌家滩的玉器之后，20年来，把大部分时间心血都投入到凌家滩玉器的研究上来。他视凌家滩研究为自己的使命。敬国先生首先简略地回顾了凌家滩遗址的概况，说这个遗址共有160万平方米，在它的周边已经发现了一周壕沟，只是未来得及解剖。凌家滩的玉器早就被当地群众发现了，后来才引起研究部门的注意。敬国先生边介绍遗址概况，边小心翼翼地拿出装在精美的墨绿色锦盒中的玉器，供我观摩。说实话，以前只在图片上看过这些绝世精品，今天能够亲手触摸、亲眼观赏凌家滩玉器，着实令人激动不已。敬国先生取出有代表性的玉鹰、玉钺、玉璜、玉戈、玉人、玉镯等精美的玉器和石钻头、玉芯等与制玉有关的遗物，一件一件地详细介绍。看到这些玉器，实在难以想象，在距今 5500 年前的巢湖河流域居然有如此发达的玉器制造业！凌家滩玉器不仅年代久、形象美，更令人叫绝的是其制作工艺。从一些玉器表面遗留的呈同心圆状的微痕上得知，当时制作玉器肯定已经使用了砣等某些特制的治玉机械。敬国先生说："俞伟超先生生前说过，凌家滩报告发表之后，在考古学界将有新的考古学理论出现，将会引起关于文明起源理论的巨大变化。凌家滩玉器不仅是巢湖流域具有 5000 多年文明史的有力见证，而且也标志着中国在距今 5000 多年以前就进入了文明时代。玉文化是中国古代文明的重要组成部分，也是中国文明的重要标志之一。"观赏罢凌家滩的玉器，敬国先生嘱人递来笔墨纸砚，一定要我写下观后感。盛情难却，我提笔写下"中华瑰宝，精美绝伦"八个大字。敬国先生在一旁鼓掌喝彩。我知道这是敬国先生对我的鼓励，不过也的确道出了我观赏凌家滩玉器之后的真实感受。

（原载《中国文物报》2006 年 2 月 22 日第 3 版）

漫谈薛家岗

从敬国先生处出来，又转身到朔知整理薛家岗报告的整理间参观。这里堆放了满屋子的坛坛罐罐，货架和房间地面上散乱地摆放着陶器、陶片等，地上还散落着废弃的陶器图，一幅忙碌的工作间的样子。这恰恰是撰写发掘报告者习见的场景。

薛家岗的报告今年刚刚出版。"提起这事，还得感谢杨立新先生。我接受了杨立新所长的建议后，接手整理薛家岗报告。我采取每年把自己'封闭'半个月的办法，吃喝拉撒不出房间，一天三顿方便面，每天只睡四五个小时，这样在单位'消失'了好多次，才最终拿出了薛家岗的初稿。"朔知说。我本人目前也在着手整理河南新密新砦遗址田野发掘报告，个中辛苦、繁琐与劳累，只有整理过考古发掘报告的人才能体会得到。接着，朔知按器物组合分别讲解了薛家岗文化的分期。他把薛家岗遗址文化内涵总共分薛家岗文化、龙山文化和夏商周三大期。按照他的意见，薛家岗文化开始时既有崧泽文化和大溪文化的因素，也有自己的因素，可见是当地土著在崧泽文化和大溪文化影响下形成的，在发展过程中曾经与良渚文化发生文化交流，如良渚文化的贯耳壶就渗透到薛家岗文化当中来了。薛家岗文化的结束与中原文化的南下有关。至于石家河文化，这里发现有石家河文化常见的尖底缸，不过制作得相当粗糙。其中能复原的一件现在还碎在整理间的地面上，简直是一堆破烂。不过，可别小瞧这种大缸，它们往往出现在高规格的墓葬当中，是弥足珍贵的"重器"。昨天我在陶寺工作站内还因见到这样难看的来自石家河的尖底缸而不解个中原委，今听朔知这么一讲，不禁茅塞顿开。这种貌似粗制滥造的缸能够穿越中原，北上到陶寺，东抵薛家岗，实非等闲之器。

朔知还详细给我讲解了薛家岗文化的分布地域、年代，与周邻文化的关系等等。薛家岗文化最有代表性的器物之一是多孔石刀。朔知自然也下了不少工夫来研究它。薛家岗的石刀个个造型规整，做工精良。值得注意的是，这种石刀的穿孔数目绝大部分为奇数，计有三孔、五孔、七孔、九孔、十一孔和十三孔等。朔知说，他整理的这批材料当中，只有一件石刀是四孔的。不过，这件的石刀最靠右边的穿孔旁边留有很长的空间，对该件石刀穿孔的孔距和孔径测量之后发现，这里原来已经预留出一孔的位置，整把刀原来应该是穿有五个穿孔的，只是出于某种原因，没有实施最后一个穿孔罢了。朔知还特意介绍几把大型的石刀，在其穿孔附近居然还绘有上下两行图案。图案原来可能是红彩，后来脱落或清洗时给洗掉了。这些图案，不会是手工绘制的，而应该是类似剪纸的模具模印而成，构图十分规矩整齐。薛家岗的石刀一律没有发现使用痕迹，完全可以肯定是礼器。如此精美的石刀，喻示着制作者应具备相应的矿物学、数学、美学、机械制作等多种学科的知识，我们不能不由衷地佩服长江流域的先民们治石、治玉工艺的发达。

以前我没有接触过薛家岗的实物资料。朔知的介绍，我认为十分清晰和翔实，完全代表了目前学术界关于薛家岗文化的最高研究水平。

朔知是个体格健壮、兴趣广泛的汉子。在北大念研究生时，他的业余爱好是拳击和野外摄影。这次由他主笔的薛家岗发掘报告所用的器物照片，全是他个人拍摄的。对于像他这样的多面手，我只有羡慕的份儿。提起他下一步的研究目标，他讲，他目前对皖江地区（安徽省境内的长江流域）史前文化谱系十分感兴趣。我祝愿他早日实现自己的学术目标。

（原载《中国文物报》2006 年 3 月 10 日第 3 版）

城 头 山
——中国最早的城址

城头山遗址位于湖南省澧县车溪乡南岳村，该遗址所在位置在原高出周围平原1—2米的徐家岗上。澹水河的一条支流从徐家岗的西边由北向南流过，并沿着岗的南端转向东流，当地村民称这个地方为城头山。像中国许多年代久远的古城一样，城头山也有着神奇的传说。据说在很久以前，古人们在这里营建京城。京城开东西南北四个城门，建城的时候在一幢房屋的屋顶上卧着一只黑狗。城建了多久，黑狗也就在屋顶上卧了多久。即将竣工时，黑狗突然从屋顶上跳下来往西北方向跑了，京城也就没有建成。传说依稀保留着真实的影子，真正揭开历史谜底的是考古学家们手中锋利的手铲。

城头山遗址的确认之路漫长而曲折，前后经历了10多个年头：

1979年，澧县文化馆曹传松首先发现了城头山遗址，怀疑这是一座带有夯土城垣的古城址。

1980年，湖南省博物馆馆长高志喜认定这肯定是一座土城，依据地表散布的陶片判断，这里最发达的文化遗存当属屈家岭文化时期，从而认为这座土城很可能是原始社会时期的。

1981年在长沙召开楚文化研究学会期间，俞伟超先生根据城头山城角的形状（呈圆弧形）以及城内发现大量的屈家岭文化的陶片，大胆断定为屈家岭文化时期。由于当时没有进行发掘，不少人对俞先生的论断将信将疑。

1985年，邹衡先生也来到了城头山，他认为这是距今4 000多年的石家河文化时期的城址。

不过，自城头山被发现之后，一直有不少人坚持城头山只是东周楚城。到底是东周城还是新石器时代城址，仅凭调查是不能解决问题的，必须靠发掘才能揭开谜底。

1991年冬，由湖南省文物考古研究所何介均先生亲自任领队，主持对城墙西南转角的解剖。发掘了一条长长的探沟之后，将筑城时间定为屈家岭文化中期，距今4 800年左右。城头山遗址成为当时已经发掘的中国最早的一座史前城址。

1992 年进行第二次发掘，清理东口豁口外的河卵石地面。它长近 8 米，宽 12 米左右，至豁口处结束。在城东部发掘 400 平方米，了解到城内堆积为石家河—屈家岭—大溪—汤家岗文化；在发掘区西南发掘出数十座大溪文化早期的瓮棺葬和房基。

1993 年，以城中心点出发，向东、西、南、北四方沿中轴线隔若干米开 2×5 米的探沟，东、南两面的探沟穿过城墙。在穿过城墙的探沟中发现了被屈家岭城墙压着的大溪文化早期的壕沟。

1994 年，对城内各区进行大规模发掘，清理了大溪文化晚期至屈家岭晚期的墓葬 600 座。

1996 年 12 月—1997 年 1 月，把探沟挖到底，发现原定为生土者实际是人工夯土，确认了城头山城墙具有从大溪文化早期以来的先后四次叠压关系。首次发现了汤家岗文化时期的水稻田。

1997 年 3 月，继续发掘水稻田等，确认这是距今 6500 年前的世界上发现最早的水稻田之一。

1997 年冬，在发掘东城墙时，发现一个用黄色纯净土筑造的祭坛，为首次发现。

1998 年，大面积发掘祭坛，发现它略呈椭圆形，面积为 250 平方米，在平地堆筑夯打而成。这是典型的祭坛！它的四周有大片的红烧土和厚达数十厘米的草木灰。

城头山的发掘和研究，还在继续中

经过 10 余年的辛苦工作，城头山遗址已被确认为时下中国发现的建造年代最早、布局最为清楚、内涵最为丰富的史前城址。

我早就想亲临现场一睹城头山的真实面貌，便利用从三峡考古工地返回北京的机会，独自来到了城头山古城。

站在城头山的城墙上，我想，如果没有曹传松同志的发现与坚持，就不会有城头山考古工作的起步，后来一系列的巨大

湖南澧县城头山城址俯视

研究成果也就无从谈起。同时，如果没有总领队何介均先生的卓有成效地指挥和连续的作战，城头山的考古工作或许早就停滞不前了。国内发掘、研究史前城址的通病之一就是满足于发现一个城圈，不想做了解城内布局的具体工作。何先生排除种种困难，坚持不懈地在城头山打持久战，最终才赢得了城头山遗址一系列发掘和研究的成功。最后，我情不自禁地想到了俞伟超先生。这位中国考古学界里的诗人、考古学大家，不仅在城头山尚未发掘的时候已经大胆断定城头山是屈家岭文化时期的古城，而且在城头山发掘之后进一步预言还可能在城头山附近找到比城头山更早的城址。按照他的思路，中国的史前城址有可能早在前仰韶时代就已经出现了。我站在城头山头，一时间想不明白，究竟是俞先生过于偏激呢，还是我们过于保守？但我坚信：如果我们中国考古人个个像俞伟超先生那样富有激情，像曹传松先生那样执着，像何介均先生那样埋头苦干，中国考古学的未来一定会更加美好！

（原载《中国文物报》2006年4月28日第3版）

文明温床　古稲飘香

　　"天造地设仙人洞，鬼斧神工吊桶环；物华天宝人更杰，育得古稻香万年。"这是我出席 2004 年秋在江西万年县召开的农业考古学术讨论会时所作的一首小诗。那次的学术会议，在著名农业考古学家陈文华先生的精心组织下，举办得非常成功。与会者不仅参观了仙人洞遗址，登山游览了吊桶环遗址，还仔细观摩了仙人洞和吊桶环出土的各类遗物，深入地进行了农业考古的学术交流。最后，陈先生还在仙人洞遗址旁边组织了一台篝火晚会。年逾古稀的陈先生亲自担当晚会的主持人，整台晚会融古朴优雅之风于轻松愉快之中。熊熊燃烧的篝火，星辰灿烂的夜空，激情澎湃的老者，这一切让我们回归到了万年之前的仙人洞人的生活场景之中，同时又一次引起我对中国农业起源若干问题的思考。

农业是文明的温床，陶器制造业与农业相伴。于是，探索农业和陶器的起源成为中外考古工作者共同关心的重大课题。江西万年仙人洞和吊桶环在这两个方面都取得了显著进展，成为探索古稻起源和陶器起源的亮点。

说起吊桶环和仙人洞的选点过程，当年的主要参加者之一、植物考古学家赵志军先生，对他的合作者、美国著名的农业考古学家马尼士赞不绝口。马尼士先生在墨西哥前后工作40年，一直研究玉米的起源。正是他发现了南美洲最早的玉米，被墨西哥人民称为民族英雄，老马（赵志军对马尼士的爱称）的巨幅画像与墨西哥历史上杰出的民族英雄一起悬挂在市政大厅。老马不仅在中美洲农业起源研究方面功勋卓著，他还研究过西亚的农业考古，晚年又把目光投向了中国，力图在稻作起源这一重大课题上取得突破。1992年，他来到中国，找到了北京大学严文明先生，与北京大学、江西省文物考古研究所组成了中美农业考古队，那时他已经是70多岁高龄的老人。别看老先生已届耄耋之年，加上胖胖的身躯，显得行动不便，他工作起来照样一丝不苟。他们起初在江西境内调查了七八个县，爬上爬下地钻了20多个山洞。赵志军说，尽管他们工作很努力，但是最初的发掘工作并不顺利，开始看好的几处洞穴皆放了空炮。不过老马没有泄气，继续坚持在这一带开展工作，终于在仙人洞和吊桶环遗址取得了历史性突破。尤其是吊桶环，起初大家最不看好的就是它，只有老马一人力排众议，坚持把吊桶环列入重点攻坚对象，谁也想不到大家最不看好的吊桶环日后却成了收获最大的地点，真是"老马识途"啊。

我们来到仙人洞参观。这里已被修整为适合参观的花园式景点，洞穴为岩厦式，洞穴内部的面积不大，靠洞穴右首的部分基本上没有发掘，发掘地点在洞穴的左侧和后半部。此外还对岩厦外进行了小面积的发掘。1993 年和 1995 年，中美农业考古队在这里发掘出许多动物骨骼，虽然没有发掘出稻谷，但是稻谷的植物硅酸体则从发掘的底层到上层都有发现。

吊桶环遗址位于仙人洞南边大约 800 米处，这是位于小山包的一处岩棚遗址，其海拔高度比仙人洞高出许多。现在人爬上这个岩棚也不太容易。为了便于观赏，目前已经修好了登山的阶梯。我们就是沿着阶梯曲曲折折地攀到岩棚的。这个岩棚就像一个过道，站在里面可以感觉到山风从这里穿过。中美农业考古队在吊桶环发现的稻谷植物硅酸体比仙人洞的更多，从野生稻的植物硅酸体到栽培稻的硅酸体均有发现，自下而上的序列十分清楚。中美农业考古队的工作使仙人洞和吊桶环名声大振，成为研究中国稻作起源的靓丽风景线。

关于稻作起源和陶器起源，近年在华南地区取得了很大进展。如湖南道县玉蟾岩、江西万年的神仙洞和吊桶环、浙江浦江县上山遗址等，均发现了距今1万多年前的稻作遗存。可是，作为中华文明腹地的中原地区，在这些方面的工作明显落后。我想，这肯定与考古工作的偶然性有关，不会是中原地区原本如此。

从陶器工艺来说，河南舞阳贾湖一期已经出现相当发达的新石器时代中期遗存，在此之前，肯定有新石器时代早期遗存作基础。换言之，在裴李岗文化之前，中原地区应该还有一个新石器时代早期阶段。这一阶段的遗址应该到哪里去寻找呢？以往已经在河北徐水南庄头遗址发现一些线索，在河南许昌灵井、舞阳大岗遗址，也发现过从旧石器晚期向新石器过渡的遗存，只是没有寻找到明确的新石器早期遗址。以往中原地区的古文化遗址调查，往往偏重于在河流阶地、黄土台地上寻找，不曾把洞穴遗址列为探索新石器时代早期遗存的首选目标，而华南新石器早期遗址给我们的启示则是首先应该注意洞穴遗址，特别是那些处于旧石器晚期向新石器早期过渡的洞穴遗址。在河南中部的嵩山地区、伊洛河的熊耳山和太行山区等地，以往已经发现一些洞穴，只不过没有来得及进行详细的调查和发掘，今后应该有计划地调查发掘此类洞穴遗址。

我国是个农业大国，农业文明是中华文明的基础。而中国的农业体系主要由黄河流域的旱作农业和长江流域的稻作农业两大

江西万年仙人洞遗址外景

农业体系构成。近些年来，我国考古工作者对稻作农业起源的探索不断取得新进展，其研究成果引起了世界农业考古学界的高度重视。相比之下，对旱作农业的研究则显得明显不足。众所周知，小米和大米都是中华民族对世界农业发展史作出的杰出贡献，我们在研究稻作农业起源的同时，有责任把旱作农业起源的研究不断推向前进。只有这样，才能全面地研究中国农业起源，从而更好地把握中华文明起源的背景与特点。

（原载《中国文物报》2006 年 6 月 16 日第 3 版）

捌

师友永恒

人生之旅是漫长而又短暂的，无论是大名鼎鼎的前辈，还是默默无闻的同学，他们过往的经历往往或令人拍案叫绝，或令人唏嘘不已。我们要沿着他们开辟的道路奋勇前行！

我所经历的张光直先生

　　著名考古学家张光直先生离开人世已经两年多了，但他的故事仍在广为流传，他的音容笑貌依然如昨日般亲切。张先生生前，我同他只有过三次接触，每一次都留下了极其深刻的印象。

　　第一次是 1989 年在北大文史楼的考古专业图书阅览室里。我当时在北大考古系读民族考古专业的硕士研究生。听说大名鼎鼎的美国科学院院士张光直先生要来考古系座谈，我准点来到北大文史楼，以睹张先生的风采。首次见到张先生，便被他卓越的学者气质所折服。这位面目清癯的美籍华人个头不高，但气度非凡，尤其他的一双浓眉下镶嵌着的极其明亮的大眼睛，如同闪亮的探照灯一般，来回扫射着会议室里的每个角落，使得陈设破旧的阅览室蓬荜生辉。待主宾落座之后，由考古系主任率先介绍张先生辉煌的学术成就和一连串耀眼的学术职务。我看到，腰杆笔直的张先生雕塑一般地端坐在众人的中央，于无声处散发出大学者的自信与尊严，那是一种经历过风雨之后呈现给大地的宁静。轮到张先生发言了，不想，早已离开北京旅居美国多年的他，竟操一口近乎纯正的北京话，像北京电台播音员般地开讲了。他声音不高，语速不快，吐字清晰，字字句句充满着幽默、智慧和对祖国考古事业的深深眷恋。我们无不盼望着张先生就这样一直讲下去、讲下去，直讲到地老天荒。

第二次是1994年春在郑州西山田野考古领队培训班学习期间。有一天下午，张先生抽空驱车到西山参观。张先生一下车，即被培训班的师生们前后左右围上了。他站在学员中间，微笑着说："什么时候我们发明一种神奇的药就好了：只要把药往工地上一洒，地下马上就会钻出一群古人来，把我们想知道的一切统统告诉给我们，把我们所想要的一切拿来给我们。那时再用不着辛苦繁重的考古发掘了。"说出这一神奇的想法时，他的眼睛像孩子一般快活地闪烁着，大家也被他的奇思妙想逗引得哈哈大笑。培训班固有的紧张气氛一下子消失得无影无踪。他来到器物修复间，用瘦弱的双手托起一只刚刚修复完整的橘红色的小口尖底瓶，像年轻的母亲抚爱着自己的婴儿一般，小心翼翼地放入自己的怀里，一边摩挲，一边赞美："瞧，多美啊，瞧，多妙啊！"

他这种对祖国文物发自肺腑的迷恋强烈地感染了在场的每一位考古同行。

第三次是在结束西山考古领队班学习以后，我回到洛阳市文物工作队，继续从事田野考古工作。除了配合基建搞考古发掘之外，我私下按照张光直先生在台湾搞"浊大计划"的模式，组织洛阳文物工作队的一些年轻朋友，在伊洛河流域搞一次考古调查。为强调把一系列调查"计划"付诸行动的意思，取名"伊洛行动"。我们按照自己制定的调查计划，从伊河上游的栾川县开始。在自上而下徒步调查了栾川、嵩县、伊川、洛阳和孟津县境内数十处遗址的过程中，不断碰到一系列棘手的问题。

现在看来这些问题仍旧是聚落考古当中的难题：如何确定多层堆积的遗址某一时期的面积？如何确定一定区域内若干遗址的共时性？如何划分聚落的级别？如何将聚落调查结果上升为对古代社会组织的分析？等等。面对上述难题，我们百思不得其解。于是便不揣冒昧地向远在美国哈佛大学的张先生讨

张光直先生

教。张先生的详细地址我们也不清楚，只是笼统地写上"美国　哈佛大学　人类学系　张光直先生"，径直发往美国。这是我平生寄出的第一封国际航空信件。

说老实话，虽然此前从朋友那里多次听到有关张先生如何如何热心肠的传言，但对于张先生能否回信，实在没有把握。可是，我们奢望的事情竟然发生了，张光直先生真的回信了！他在信中客客气气地称赞我们的行动具有重大的学术意义，对我们提出的问题耐心地给予了解答，他还简略地阐述自己当年搞"浊大计划"的想法和过程，答应日后再将他起草的"浊大计划"的详细纲要寄给我们作参考。

接到回信，张光直先生宽阔的额头、雪亮的眼睛、潇洒的形象仿佛就近在眼前，似乎他一会儿便会推门进来小坐一般亲切。

张光直先生虽然永远离开了我们，但他的精神不死，人格魅力永存。

追忆考古学家俞伟超先生

前几天偶尔看到北大考古文博学院编辑的《俞伟超先生纪念文集》，看着封面上俞先生右手托着下巴开心微笑的面孔，仿佛感觉神采飞扬的俞先生又回来了！可是，残酷的现实告诉我们，仙人已逝，俞先生再不可能回到我们身边，左手夹着香烟、右手敲击着桌面与我们天南海北地聊天。每一位思念俞先生的人都面临着同样的痛苦：在敬爱的俞先生仙逝之后，我们该到哪里寻找像他那样风风火火、如醉如痴的诗人考古学大家呢？

一

首次目睹俞伟超先生的风采，是我在研究生时代，听俞先生回北大母校作报告的时候。讲演那天，俞先生一身便装，轻松潇洒。他讲话的语速稍快，好像思想的热流急着往外喷发，而嘴巴有点跟不上似的。那时，他特别推崇法国的历史论坛学派，因而激烈地批评我国正在进行的考古工作太落后了。他像一位极其内行的自然科学家那样，详细地向大家介绍 DNA 的基本原理以及可能在考古学上发挥的作用，竭力主张把这项技术运用到田野考古学实践当中。此外，他还饶有兴趣地向大家宣传开展水下考古和航空考古的必要性。在我的眼里，讲台上滔滔不绝的俞先生不只是一名考古学家，更像一名哲学家、一位诗人。他说话时，常陷于激动的状态，在讲台上走来走去，架着宽边大眼镜的面部不时因动情而抽动，完全没有一些大牌教授们的斯文劲儿；他作报告，就像在干一桩很费劲的体力活儿，发亮的脑门冒出一层层细密的汗珠，时常刚把一句话说完就抿着嘴望一眼听众，似乎在观察大家的反映，又像在盼望与听讲者的心灵互动。

就这样一个略带偏激的诗人考古学家，从语言到内心深处，带领大家走向他所向往的考古学的新领域、新境界。头一次见到俞先生，我就被俞先生这样的风采迷住了。

二

1996 年，我考入北京大学考古系攻读博士学位。出于对俞先生的仰慕，我特意请当时已经在历博工作的戴向明同学代为约俞先生见面，听听他对我的博士论文选题的高见。

俞先生和蔼可亲，他在宽敞亮堂的办公室接见了我。

那时，我刚被录取为北京大学的博士生，还没有从范进中举的喜悦状态中拔出来。谈起博士论文的选题，我不忌讳给俞先生留下口出狂言的印象，如实地向俞先生和盘托出我备有大中小三套博士论文选题。

俞先生用右手支着下巴，笑眯眯地看着我问："哪三套啊，你先说说看。"

我回答："大者，做中国古史传说与中国新石器时代考古的比较；中者，专门做中原地区文明起源的研究；小者，结合我这些年在洛阳的考古实践，写那一片的新石器研究的一些问题。"

俞先生依旧笑眯眯地盯着我看，并不急于回答我的问题。我预感到俞先生不会同意我的这些想法。果然，俞先生深深地抽口烟，再吐出一长串烟圈，收起笑脸，加重语气地说："这三套选题我建议你一个也不要写！统统放弃！我倒建议你写有关人类精神领域的，我国目前这方面的探索太少了。北大学生应该开这个头！实际上，在国外这是个热门话题，因为这实在是太重要太重要了。我近来也在思考这方面的问题，比方说古今一体的问题。打个比方，从物质形态看，人坐在小轿车的软皮车座上和坐在露天的石头上，旁观者看来差别很明显。实际上，人的屁股就占那么大地方，二者能有什么差别啊？从这个意义上讲，可不就是古今一体嘛。那么，我们搞考古的，该如何从古代遗留的物质材料中复原、揭示人类的微妙的精神世界呢？我们这方面的工作做得远远不够，远远不够啊！"说到这里，俞先生又激动地用带有残疾的右手指头猛烈敲击桌面，发出"啪啪"的响声。

时间过得很快，吃午饭的时间到了。俞先生招待我们到历博附近的一家小酒馆用餐。俞先生边吃边聊，谈兴依然很高。除了学问，我们也随便扯些别的话题。

十几年过去了，俞先生时而激动时而喜悦的率真表情历历在目，他对后学寄予的殷切期望，感人至深。非常抱歉的是，我的博士论文没有按照俞先生的建议来选题。对我来说，探索古代人类精神领域的选题实在是太冒险了。不过，随着中国考古学的发展，近年来对中国古代精神领域的研究日渐增多，且有蔚然成风的势头，这就使人不得不佩服俞先生的远见了。

三

有一年春节，我去俞先生家拜年。赶到俞宅之后，按下门铃，满面春风的俞先生把我迎入他的工作室。这是一间不大的向阳房，南墙上开一扇窗户，温暖的阳光射进来，整个屋子亮堂堂的，其余三面墙竖立着几个大书柜，里面各类书籍装得满满的。屋子中间顺放着一张长条形的书案，案上摆放着打开的书籍、铺开的稿纸以及笔墨纸砚，屋子里到处都是书，不少艺术品杂陈其中，包括某位雕塑家送给他的他本人的塑像。这些使得俞先生的工作室多少有点拥挤。我进去的

俞伟超先生

时候，工作室里正播放着悠扬婉转的音乐。俞先生招呼我坐下，轻声地说："我习惯工作的时候，边听音乐边干活，音乐可以给人以灵感。"

那天都聊了些什么内容，现在记不起来了，定格在我记忆深处的就是一幅图画。画面里，一位睿智的思想家聆听着音乐，思考着什么。外面的阳光和煦而又温暖，让人忘记了寒冬，感受到了春天。

（原载《中国文物报》2010年1月29日第3版）

病中的邹衡先生

北京大学考古系的邹衡先生被公认为"夏商周考古第一人"，他本来是北大法律系的高材生，却最终成为著名的考古学大家，其人其事，极富传奇。我曾经看护过病中的邹衡先生，亲自目睹邹衡先生的风采，成为心中抹不掉的记忆。

2000年深秋，邹衡先生又一次生病住院了，系主任李伯谦先生亲自安排考古学系的研究生们轮流到校医院看护邹先生。

按说，李伯谦先生本来是邹先生的高足，北大考古系编写的《商周考古》教材，就是俩人合作的产品。不用讲，李先生留校作商周考古组的助教显然也得经过邹先生点头才行。不过，时过境迁，自打夏商周断代工程启动之后，李伯谦先生成为考古学科的首席科学家，而他的老师邹衡先生因拒绝出任夏商周断代工程的首席科学家而不被启用，在外界看来，这次是先生不如学生了。这当然让先生有几丝不快。何况，师生的芥蒂大概早有端倪。据说，有一次李先生就曾经向邹先生拍过桌子：怎么，我就不能带研究生？我就不能有自己的学术观点？

不过，矛盾归矛盾，邹先生病了，李先生亲自安排研究生们护理邹先生，我就是其中之一。我来到校医院的病房，看到一对老人在一间不大的病房里待着。女同志约莫 60 多岁，白发，慈眉善目，一看就知道是位好脾气的老太太。这是邹先生的第二任夫人。他的原配夫人也是位北大才女，曾经是邹先生赏识的北大高材生。可是婚后，俩人的脾气比着大，谁也不肯让步，常常为鸡毛蒜皮的小事大动干戈。说来奇怪，学术上的大师在生活中往往只有小学生的水平。大师们的成功或许就是来源于极度张扬的个性和决不言退的进攻本能。拿这种作风对待家人，无疑只能使家里鸡犬不宁。

老太太在我进入房间不久，便起身离开了。瘦小的邹先生，躺在病床上，显得有几分可怜。但他镜片之后那一双灼灼有神的眼睛，还照旧散发着夺人的光芒，无言中透露出大学者的威严与机敏。

他的精神稍有好转，便急于同看护的学生们交流。我对文学感兴趣，不一会儿我们就聊到对中国现代文学人物的点评上。一向观点极端的邹先生对文坛巨匠们的评价也一样偏激："都是混饭吃的，中国现代文学史只有两个人才是真正的文人：鲁迅和茅盾，其他都是混饭吃的。"

"不会吧，老舍也很了不起呀。还有曹禺，他的话剧可是世界有名的。"我小声说。

邹先生的脑袋像拨浪鼓一样地摇动："不不不，就是混饭吃的。搞文学，那是份苦差事。不是人人都愿意吃那份饭的。再说，好的作家是需要天赋的，不服这个不行。"

说到天赋，我接着问，什么样的人才算有天赋？

他"嘿嘿"一笑说，天赋也是分类的，人们只会在某方面有天赋，不会在任何方面都有天赋。清代有一位治古史的大家，他的记性不好，按说不具备治古文的天赋。可是，他把要念的经文一个字一个字地刻在桌子上，天天念，天天背，后来终于成了大学问家。可见，天赋也是可以有意识地训练的。

那您认为搞考古，需要哪些方面的天赋？

"搞考古的，太聪明的人不行，他们要么不愿意搞，要么爱耍小聪明，那样是做不好考古的。笨人也搞不了考古，搞考古，要有好的记忆力，还要有比较好的思辨能力和较强的推理能力。"

您认为您的学生当中，谁最有天赋？有人说某某最有天赋，您怎么看？

邹先生沉思片刻，慢吞吞地说："他是有天赋人中的低层次者。"

这话怎么讲？

邹先生光笑，不再做进一步解释了。

我们正聊得起兴，没想到有人推门进来。原来是王迅，也就是他的第一个博士研究生，提着一串香蕉，来到病房看望自己的先生来了。王迅是个彪形大汉，浓眉大眼，他是中国恢复高考制度后的第一个考古学博士。邹先生见了他，头一句话竟像是孩子见了大人似地说道："你来得好啊，王迅，你再不来就可能见不了面啦！"

王迅似笑非笑地说："前些天还好好的，怎么突然就病了？"

他晃动着头，对他来说，房间显得有些矮了。看来他早已经习惯了老师的危言耸听。

邹先生答道："人老了，说病就病啊。你老了也一样。来看我就行了，还拿什么礼物。"邹先生把王迅拎来的香蕉叫礼物。

王迅继续幽默道："怎么说病就病，我刚在路上还想，不是又有人把你气出病了吧？"

邹先生一板脸："开玩笑，哪里有人气我，你可真是！我高兴还来不及呢。"

王迅接话："以前有一次，本来好好的，可是一开会就把你气出病了不是？"

邹先生有点急了："我这次得病可跟开会没任何关系，没人气我。"他顿了一下，说："前几天在安阳开会，我本来不准备发言的，可是，会议主席挽着我，非把我拉到主席台就坐。你想，一个是股商学会的会长，一个是秘书长，俩人一边一个挽住我，多大的面子！我高兴还来不及呢，我还生什么气呀？"

邹先生提起会议，眯缝起眼睛，仿佛又被人挽住一样惬意。

王迅来时带来的一串黄澄澄的香蕉，邹先生瞧了一眼，又一次说："来看看我就行了，还捎什么礼物。我，我想你们哪！"说着说着，他的眼睛湿润了。

王迅仍旧似笑非笑地说："一串香蕉嘛，不值一提。"

邹先生说："水果很贵的，你看，×××来时从来不拿东西，我不在意这个的。"

王迅坐了不大一会，说是有事要走了。

邹先生有些挽留地说："再坐一会嘛，下一次不知道还能不能见面。"

王迅抿着嘴，力争不笑。他答道："你别想太多，养几天就好了。"

邹先生坚持把王迅送到大门口，眼里噙着泪花，依依不舍地说："再见！"那模样仿佛再也见不着似的。

刚刚送走王迅，邹先生的另一位弟子，北京师范大学的副教授李维明进来了。维明小低个儿，白白净净的。他先念邹先生的硕士，后来想再接着读博士，邹先生看他不上，不想招他。他居然反问邹先生："你在我们念硕士时，有言在先：谁硕士毕业三年内发表 3 篇文章，谁就有资格考我的博士。我达到这个条件了，你没有理由不准我考您的博士。考不上是我自己不争气，可是，不让我考是您的不对！我知道您不喜欢我，可是，您不能说话不算数，不能不让我考！"他最终还是考上了。这一经典对话也传遍业内。

维明今天进门第一句话是："邹先生，我今天到北大图书馆借书，听说您又病了，就顺道过来看看你。"维明实话实说。

邹先生不在意他的实诚，把刚才说给王迅的话又重复给维明说了一遍。维明也没有吃惊，好像也是听习惯了一样。他平静地回答邹先生："我多次提醒过您，您平时还是要注意锻炼身体才行。"

邹先生："怎么锻炼？有一点空，我都想用起来编发掘报告，哪里有时间锻炼哪？"

李维明不作声了，或许知道劝说无用，一会儿起身告辞。临走时又撂下一句大实话："过几天我来图书馆还书时，再顺便来看你，你注意休息。"

邹先生好像也习惯了自己的学生这样无拘无束地对待自己，

邹衡先生

照样坚持把维明送到门口，嘴里不住地说："谢谢，再见。"客气得不像对自己的学生，而像是对待普通关系的同事。

到了吃午饭的时间，我以为邹师母会从家里带饭给邹先生，没想到他竟是吃医院安排的份饭。医务人员把装满饭菜的小车推进房间，再推到邹先生的病床前。邹先生起身看看，里面只有简单的几样菜肴，摇摇头，无可奈何地挑出两份小菜和一小碗米饭，抱怨说医院的伙食太差，简直不是人吃的。看他一脸气愤的样子，我担心医务人员不高兴，劝邹先生少说两句。

"怎么，他们这样对待病人，还不让人家说话？"邹先生一点也不避讳跟前的医务人员。

"你这样骂医院，不怕医生们报复你？"我看送饭的人走远了，才敢这样对邹先生说。

"这医院不把人治死就不错了，他们治死了多少人！待在这里早晚得死，还怕他们报复！报复不报复一个样！"他边吃边嘟哝。

不一会，慈眉善目的邹师母从家中赶来了。邹先生再次骂起医院来，而且根本不听邹师母的劝说，反而骂得更起劲。邹师母不再说什么，客气地让我回去吃饭。临走前叮嘱我，不要忘记交待下一位同学准点来照看邹先生。

我离开病房时，看到邹先生瘦瘦小小的个头，可怜地蜷曲在病床上，心想这就是一代考古学大家的境遇啊，心里不禁一阵悲凉，眼泪悄悄地爬出了眼角。

痛悼英年早逝的樊力同学

樊力是一个传说。1983 年他以优异的成绩跨入北京大学考古系的大门。入校不久，就以热情健谈而名满燕园。此后 20 多年，在考古圈内，只要一提起樊力，马上就让人想起这位身材高大、脑门阔亮、满面红光、说话滔滔不绝的北大超级"侃爷"。作为1989 年一同入学的硕士同学，我们对樊力的侃爷功夫深有领会。凡天文地理、时政要闻、名人掌故、圈内段子、专业知识等，几乎是无所不知，不管你谈到什么，他都能给你叽里呱啦神侃一通。好多次交谈者都被说得发困了、搭不上话茬了，他依然摇头晃脑、连说带笑、手舞足蹈地说个不停。有一次我亲眼见到他到一个学生的房间内侃大山，一直到深更半夜，他才边往门外走边说"时间不早了，我该走了"，可是，等他双脚移出了门槛，整个身板还倚靠在门框的外侧一动不动，意犹未尽地说"再聊一会儿"。他这"一会儿"可不短，一聊就是两个多小时，直到夜里两三点钟，才依依不舍地离开。我真服了他了。

别看樊力侃侃而谈，活像个话痨，内心里却极富正义感。有一次他谈到，他所在的考古工地上，当地的民工头暗地里克扣实习学生的田野补助费，他气愤地当面指责那个家伙道："你这是在喝兵血啊，你知道吗？"

樊力骨子里是个爱憎分明的人，按照过去的话说，他敢于同坏人坏事做斗争，对待同志却像春天般的温暖。所谓路见不平、拔刀相助，所谓推心置腹，坦诚相见，所谓嫉恶如仇、仗义执言，所谓知无不言、言无不尽，这些成语格言用在樊力身上统统不为过。传说有一次，在为北大考古系某届毕业生送行的晚会上，他语重心长地对同学们说："同学们哪，从今往后，你们就要离开学校、闯荡江湖了，江湖险恶，你们要当心啊！"短短的几句话，没有冠冕堂皇地告诫，却饱含着真挚又带些无奈地关爱，赢得了现场每一位同学的热烈掌声。或许，毕业生们不理解樊力所说的江湖究竟是个什么玩意儿，但是樊力恨不得把心交给学生，他像家长那样爱护学生的劲头，深深地印在大家的脑海里，并传至四方。

樊力是上世纪80年代初，考大学时将考古专业作为第一志愿的极少数人之一。他的母亲是著名的林业学家。这位院士母亲尊重儿子的选择，考古遂成为樊力主动追求的事业。在现在这个浮躁的社会里，不少人把考古当职业、当谋生的饭碗，樊力却以一颗纯洁的赤子之心，矢志不渝地把考古当事业来做。别看他长得五大三粗，干起考古来，特别认真细致，不管是考古调查、带学生考古田野实习，还是撰写学术论文，事事追求尽善尽美。

樊力的名字与河南邓州八里岗遗址紧密相连。正是在他为撰写硕士论文而复查该遗址之后，这一原来名不见经传的小遗址才声名鹊起。由他执笔撰写的首篇八里岗遗址调查与试掘简报，虽然篇幅不大，却字字凝聚着樊力的心血，连插图用的线图都是他亲自起稿的。后来，八里岗遗址发掘的面积越来越大，重要性越来越显著，参与的人越来越多，而且获得了全国十大考古发现。樊力嘴里不说，心里肯定很高兴，就像园丁看到自己种下的瓜果日趋成熟一样喜悦。

有喜就有忧。可以说，八里岗这个倾注着樊力心血的地方，也成为他时时牵挂的一块心病。有一次他陪着我参观八里岗考古工地库房，只见装满陶片的塑料袋，满满堆了一大屋子，连下脚的地方都没有。他不无焦虑地说："谁都知道八里岗的东西重要，可是，没有人能够说清楚八里岗究竟挖出了多少个灰坑，多少座墓葬，收集了多少小件！这要整理起来，还不把人累死！"

樊力爱学生、乐意与学生做朋友是出了名的。他是北大考古系 87 级学生的班主任，也是这级学生的铁哥们儿。我亲眼见到他在和学生们一起踢球的时候，心悦诚服地听命于球场上的一位学生。这位同学在球场上大行队长的威风，他直接以"老樊"称呼自己的班主任，一会儿嚷："老樊，快，往右边跑！"一会儿叫："老樊，跟上，射门！"学生把老师指挥得团团转。赛后，大汗淋漓、气喘吁吁的樊力老师不但不觉得这位学生无礼，反而乐哈哈地夸赞队长指挥有方。

随着岁月的流逝，爱说爱笑的樊力逐渐地变沉稳了。不过，天生拥有一颗年轻的心的他时而流露出赤子性情。有一次我们漫步在北大校园里，他略带伤感地说："过去我们念本科、硕士的时候，总觉得北大校园的女生长得不怎么好看，现在呢，再看看校园里的小姑娘，个个都长得漂漂亮亮、大大方方、挺好看的，实际上是因为那时我们年龄小，现在，我们已经开始变老喽。"

成熟后的樊力不改对友谊的忠诚，仍然保留着难得的率真。有一次，同学们小聚，大家争先恐后地结账，樊力大张双臂呈十字形，背贴着包间的房门，硕大的身躯把整扇门都堵住了。他像小孩子耍赖那样说道："今天我来请客，谁都不能跟我争，否则，谁都别想出这个门。"

一个人的时候，我常常怀念 20 年前和樊力相处的日子。那时我们有的是青春好时光，我们一道学习，一道喝酒，一道争辩，一道策划考古系的迎新晚会，一道组织大家骑自行车到八达岭以外的康西草原踏青，等等。那时的天特蓝，水特清，同学们的友情特浓，一起说说笑笑的日子特开心！

这样的好时光，不知道从什么时候渐渐遥不可及，虎背熊腰的樊力两年前居然得上了要命的癌症！

要知道，正值中年的他刚刚考上了博士，事业上刚刚有所起色，"江湖"上刚刚有点名气。经过多年的积累，他已经开始在《考古学报》等一流专业刊物上发表长篇论文了，然而癌症却在这个时候盯上了他！教人怎不扼腕痛惜！

我们89级硕士班的全体同学时常惦记着被癌症纠缠着的他！他的病情从北大的同事好友那里，时好时坏地传出来，不过他的健康总趋势是每况愈下的。我们只能眼睁睁地看着这位生龙活虎的老同学一天天衰弱下去，一步步走向可怕的死亡，直到2010年9月11日的下午，樊力辞世的噩耗传来……

英年早逝，是当代中国知识分子最悲哀的命运。当这种命运降临到身边最亲近的同学身上时，我们依然猝不及防，不能接受。要知道，就在不久之前，我们几位同学已经同他的夫人约定，在他最近一次实施化疗之后一起去看望他。谁知道，这种病说犯就犯，来得这么凶、这么急！老樊，你就这样匆忙地与我们不辞而别了吗？不，你一定不是这样想的，你一定还有许多的话要同我们老同学侃。

或许，对于病魔缠身、疼痛难忍的樊力而言，辞世是一种解脱；或许，对于年迈、悲伤的樊力双亲来说，也曾无奈地作好了白发人送黑发人的心理准备。可是，对于热爱樊力和樊力热爱着的人们而言，谁都无法接受樊力在年富力强时突然病逝的残酷事实！2010年的"911"成为樊力的忌日，也是樊丝们永远无法忘却的日子。从这天起，我们永远地失去了一位豪爽、健谈、正直的好同学，一位痴心追求考古事业的同路人，一位壮志未酬身先死的年轻的中国考古学者……

樊力，你虽然在风华正茂的时候孤零零地走了，但你那年轻的、热情洋溢的笑脸，却永远定格在我们的记忆深处！你精心培育的八里岗之花，开得正艳！你选择的考古事业，必将薪火相传，前途无限！

樊力同学，请一路走好！

（原载《中国文物报》2010年10月22日第3版）

后　记

《考古半生缘》，选编完成之后，我不禁感慨万千。是啊，从我迈进考古学大门算起，至今已逾 30 年。

大学毕业之后，我在考古的圈子里摸爬滚打，从第一个考古学豆腐块写起，直至出版大部头的考古发掘报告、论文集、专著和图录，凡是能够尝试的著作形式，全都尝试了。我的双鬓已悄然生出几缕华发，我不再是空有抱负的青年诗人，而是饱尝人间冷暖的中年汉子。命运多舛的人啊，你干上了考古，似乎连整条命都搭了进去。

我想起我大学毕业后，下考古工地时跟着学习的第一位考古技工，她手把手地教会我怎样发掘古代墓葬、古代遗址。

我想起我亲手发掘的北魏侯掌墓，我用手绢小心翼翼地拭去墓志上边的浮尘，心怦怦地跳个不停，一切都被抛在了脑后。

我想起我走进北大校门的那一瞬间，我是多么的自豪，我从偏远的豫西小山村，来到省城念大学，如今又来到全国最有名气的大学读研究生，我实现了多少年轻人想都不敢想的美梦。

我想起我的小学老师、中学老师和大学老师，他们那么地渴望我学有所成，我拿什么成绩报答他们的恩情。

随后，我跟随研究生导师南下海南，遍访黎村苗寨，试图从今日的海南岛追溯黎苗族群的过往岁月。

我在研究生学业完成之后，又重回古都洛阳，发掘皂角树遗址。后又到郑州西山考古领队班，重新磨练基本功，加强自己的业务素养，成为一名考古专业领队，日子是清苦的，但我无怨无悔！

而后，我再次走进北京大学之门，攻读考古专业的博士学位。继而，以夏商周断代工程为契机，继续考古学博士后研究，我来到河南新密的新砦遗址，寻找早期夏王朝的踪迹，这也成为博士后出站后来到中国社会科学院考古研究所工作的理由。

当然，田野工作是重点，但不是我工作的全部，更不是我生活的全部。

　　我是北大校园诗人之一，写诗是我的爱好。无论是悲，是喜，是心酸，是泪水，只要打动我的心扉，我都会拿起写诗的笔！

　　我不会打拳，但是拳击赛是我钟爱的运动项目，重要的拳击赛，我每场必看。要是真有一天，我真的来到美国拉斯维加斯，亲眼目睹英勇的拳击手，亲眼观看轰轰烈烈的比赛，那该多么带劲。

　　我知道，如今的我早过了冲动的年龄，可是我决不放弃我的梦想，哪怕它的实现会有许许多多的困难！

　　这是我的第一本散文、随笔集子，这样的集子今后还会写下去，就像我的年龄在增加，但我的梦想并不会泯灭！

2015 年 4 月 4 日于河南新密

图书在版编目(CIP)数据

考古半生缘／赵春青著.—上海：上海古籍出版
社，2016.4
ISBN 978-7-5325-7988-4

Ⅰ.①考… Ⅱ.①赵… Ⅲ.①考古工作—中国—文集
Ⅳ.①K87-53

中国版本图书馆 CIP 数据核字(2016)第 037859 号

考古半生缘

赵春青　著

上海世纪出版股份有限公司
上　海　古　籍　出　版　社　出版
(上海瑞金二路 272 号　邮政编码 200020)

　　(1)网址:www.guji.com.cn
　　(2)E-mail:guji1@guji.com.cn
　　(3)易文网网址:www.ewen.co
上海世纪出版股份有限公司发行中心发行经销
惠敦印务印刷有限公司印刷

开本 890×1240　1/32　印张 7.25　插页 2　字数 136,000
2016 年 4 月第 1 版　2016 年 4 月第 1 次印刷
ISBN 978-7-5325-7988-4
K·2172　定价:48.00 元
如有质量问题,请与承印公司联系